Das Problem

der Seele und der Willensfreiheit

in Theorie und Praxis.

Beitrag zum Ende eines alten Streits.

Von

Stabsarzt **Dr. Emil Lobedank**

in Hann.-Münden.

Berlin 1911.

J. Guttentag, Verlagsbuchhandlung,

G. m. b. H.

Druck von Leonhard Simion Nf. in Berlin SW

Einleitung.

Das Problem der sogenannten Willensfreiheit gehört zu den am meisten und leidenschaftlichsten umstrittenen. In ganzen Bibliotheken haben Deterministen und Indeterministen ihren Standpunkt begründet und verteidigt. Bei nicht wenigen Menschen ist die Stellungnahme zu dem Problem nicht in erster Linie von reinen Verstandeserwägungen abhängig, sondern von der durch Herkunft, Erziehung und Gefühle beeinflußten Weltanschauung.

Ich würde es nicht wagen, die zahlreichen Schriften über die Frage der Willensfreiheit um eine zu vermehren, wenn ich nicht glaubte, sie von einem Standpunkte beantworten zu können, von dem aus eine Verständigung zwischen Determinismus und Indeterminismus möglich erscheint.

* * *

Der sogenannte Wille des Menschen gehört zu dem Teil des gesamten Seins, den wir als geistiges Geschehen dem körperlichen oder materiellen gegenüberzustellen pflegen. Hieraus folgt, daß der Behandlung des Willensproblems die Erörterung des Wesens der geistigen Vorgänge voranzugehen hat. Es ist ausgeschlossen, daß jemand zu einer beachtenswerten Meinung über die Frage der Willensfreiheit gelangen kann, ohne sich eine bestimmte Anschauung über das Wesen der Seele gebildet zu haben. Der Besprechung des Wesens der Seele wird daher zunächst ein größerer Abschnitt dieser Arbeit gewidmet sein. Der Leser erwarte aber weder ausführliche Auseinandersetzungen über Bau und Funktion des Gehirns, noch eingehende Darstellungen aus dem Gebiet der Psychologie. Es handelt sich im wesentlichen nur um die grundsätzliche Anschauung vom Wesen des geistigen Geschehens.

* * *

Die gemeine Meinung spaltet das erkennbare Sein in zwei Teile, in den Stoff oder die Materie und in den Geist oder die Seele. Wie wir uns zu dieser Spaltung zu stellen haben, werden wir später sehen;

zunächst wollen wir sie einmal annehmen und uns vergegenwärtigen, daß zwischen den angeblichen zwei Weltbestandteilen zahlreiche Beziehungen bestehen. Insbesondere ist nicht zu verkennen, daß der ganze Bewußtseinsinhalt von den „materiellen" Reizen der Außenwelt stammt, die auf die Sinnesorgane wirken und als „Erregungen" zur Großhirnrinde geleitet werden. „Nihil est in intellectu, quod non fuerit in sensu." Ein Mensch, der ohne Sinnesorgane oder auch nur ohne die drei wichtigsten: Gesicht, Gehör und Gefühl geboren würde, wäre nur vegetierender Stoff. Geistiges Leben würde bei ihm nie bemerkbar werden. Das Bewußtsein schwindet, wenn sämtliche Sinnesreize ausgeschaltet werden. Der interessanten Schrift von Max Verworn über „Die Mechanik des Geisteslebens" (B. G. Teubner 1907) sei zur Erläuterung folgender von Professor Strümpell beschriebener Fall entnommen: Ein junger Mann mit ausgedehnten Sinneslähmungen hatte sämtliche Sinneswege bis auf das rechte Auge und das linke Ohr verloren. An keiner Stelle des Körpers hatte er Berührungsempfindungen. Er stand also nur noch vermittels des rechten Auges und des linken Ohrs mit der Außenwelt in Verbindung. Wurde ihm nun das rechte Auge geschlossen und das linke Ohr fest zugestopft, so schlief er stets in zwei bis drei Minuten ein. — Bekanntlich suchen wir auch zur Herbeiführung des Schlafes sämtliche Sinnesreize nach Möglichkeit auszuschalten. Deshalb verdunkeln wir das Schlafzimmer, halten Geräusche möglichst fern, vermeiden eine zu hohe oder zu niedrige Temperatur usw.

Daß der Geist in engsten Beziehungen zur „Materie" Gehirn steht, ist heute auch dem weniger Gebildeten bekannt. Der Tatsachen, die es sinnfällig beweisen, sind zu viele, als daß sie übersehen werden können: Entwicklungshemmungen des Gehirns sind von geistiger Schwäche begleitet; Verletzungen und Krankheiten des Gehirns haben Störungen der geistigen Tätigkeit zur Folge; bei Erkrankungen oder Verletzungen bestimmter Teile des Gehirns fallen bestimmte Abschnitte der geistigen Tätigkeit aus; das Gehirn des Neugeborenen ist noch unvollkommen entwickelt und bildet sich erst mit fortschreitender Intelligenz nach und nach aus; innerhalb der Tierreihe wächst mit der Ausbildung des Gehirns die Intelligenz; bei Blutleere des Gehirns erlischt das Bewußtsein; infolge der Einwirkung gewisser Gifte auf das Gehirn (Morphium, Alkohol) erleidet das geistige Leben Einbuße usw.

Für die Menschen und höheren Tiere ist nachgewiesen, daß den verschiedenen Sinnesempfindungen gewisse Teile der aus der sogenannten grauen Substanz bestehenden Hirnrinde dienen. Neben den Sinnessphären umfaßt die Hirnrinde große Bezirke, die nicht unmittelbar mit den äußeren Sinnesorganen in Verbindung stehen, sondern von den Sinnessphären der Hirnrinde zahlreiche aus Nervenfasern bestehende sogenannte Assoziationsbahnen empfangen und sie mit einander verbinden. Flechsig hat diese Bezirke Assoziationszentren genannt, weil es höchst wahrscheinlich ist, daß sie der Aneinanderreihung der verschiedenen Sinnesempfindungen zu zusammengesetzten Vorstellungen Gedanken, Urteilen usw. dienen. Von anderer Seite ist die Bezeichnung Assoziationszentrum beanstandet worden. Auf den Namen kommt es schließlich nicht an. Tatsache ist, daß in den gemeinten Bezirken Nervenfasern von verschiedenen Sinnessphären zusammentreffen. Tatsache ist ferner, daß diese Bezirke beim Menschen erheblich größer sind als bei den intelligentesten Tieren, daß sie später zur Entwicklung kommen als die Sinnessphären selbst, und daß sich ihre Ausbildung parallel der geistigen Entwicklung vollzieht. Sie müssen also doch wohl bei der geistigen Tätigkeit eine bedeutsame Rolle spielen. Es ist auch nachgewiesen, daß Zerstörungen von Hirnsubstanz im Gebiet dieser „Assoziationszentren" charakteristische Intelligenzdefekte zur Folge haben.

Schließlich sei noch darauf hingewiesen, daß auch die Sprache des Menschen, jenes höchste „Ausdrucksmittel" der Seele, von genau lokalisierbaren Teilen der Hirnrinde abhängig ist. Und zwar sowohl das gelesene Wort (Schriftzeichenvorstellung mit materieller Grundlage in der Sehsphäre der Hirnrinde), wie auch das gehörte Wort (Worthörvorstellung mit materieller Grundlage in der Hörsphäre der Hirnrinde) und das zu sprechende Wort (Bewegungsvorstellung mit materieller Grundlage im hinteren Teil der unteren linken Stirnwindung).

Angesichts der so offensichtlichen engen Abhängigkeit geistigen Geschehens vom Gehirn ist es ohne wesentliche Bedeutung, daß es bis heute noch nicht gelungen ist, bei allen Geistesstörungen anatomische Veränderungen des Gehirns festzustellen. Wer sich den Tasachen, die über den Zusammenhang zwischen Gehirn und geistiger Tätigkeit bekannt sind, nicht gewaltsam verschließt, kann bei folgerichtigem Denken nur zu dem Schlusse gelangen, daß bei den sogenannten funktionellen, ohne nachweisbare anatomische Hirnveränderung verlaufenden Geisteskrankheiten das Gehirn ebenso eine Rolle spielt wie bei den organischen, d. h. den mit erkennbarer Gehirnlaesion verbundenen. Wir vermögen die einzelnen Phasen des Seelenlebens nicht so zu zergliedern, daß wir für die Entstehung jeder Vorstellung, für ihren Ablauf, für ihre Verbindung mit anderen Vorstellungen usw. die entsprechenden anatomischen Vorgänge genau bestimmen können. So sind wir denn auch nicht zu der Erwartung berechtigt, bei allen Störungen des Seelenlebens mit den uns zu Gebote stehenden Untersuchungsmethoden, noch dazu an toten Gehirnen, anatomische Veränderungen zu finden. Daß aber solche bei allen Geisteskrankheiten vorliegen, wenn auch unseren Sinnen heute noch nicht erkennbar, ist ein Schluß, dem wir uns nur durch Vernachlässigung aller Logik entziehen können.

I. Kapitel.

Über die dualistische Spaltung der menschlichen Persönlichkeit.

Nach der oben angeführten Meinung, welche die Welt in materielle und immaterielle Substanz scheidet, besteht auch der Mensch aus zwei Substanzen, aus der körperlichen und der geistigen.

Innerhalb dieser Anschauung sind über das Verhältnis des Geistigen und des Körperlichen zu einander mehrere Ansichten möglich.

Eine geht dahin, daß der Mensch ein Doppelwesen sei, das von dem sichtbaren ausgedehnten Leibe und der unsichtbaren immateriellen Seele gebildet werde. Beide „Wesen" stehen zwar in enger Beziehung zu einander, aber die Seele ist trotzdem eine Einheit für sich, gleichsam eine immaterielle Person.

Die Bekenner dieser Ansicht fassen die Abhängigkeit des seelischen Geschehens vom Gehirn und den auf dieses wirkenden Reizen als Wechselwirkung auf. Das Gehirn und der Körper überhaupt seien Vermittlungs- und Ausdrucksorgane der Seele. Es sei also verständlich und spreche nicht gegen die Annahme des Seelenwesens, daß bei Beschädigung oder ungenügender Entwicklung dieser Vermittlungsorgane die Äußerungen der Seele eine Störung erleiden.

Die Auskunft vermag einer kritischen Prüfung nicht Stand zu halten. Denn man darf keinen Augenblick vergessen, daß, wenn man die Spaltung des Menschen in Seele und Materie vornimmt, letztere nichts, aber auch nichts anderes sein kann als raumerfüllender Stoff. Wenn man nun, wie es die Wechselwirkungstheorie verlangt, die Materie auf den Geist einwirken und von ihm beeinflußt werden läßt, so hat man der Materie damit Eigenschaften zugesprochen, die ihr nach der geschehenen Spaltung alles Seienden in Geist und Materie nicht mehr zukommen können. Die Spaltung bedeutet ja, daß der eine Teil, die Materie, alles Seelischen entkleidet ist. Wenn man aber annimmt, daß sie auf Seelisches wirke und umgekehrt von Seelischem verändert werde, so hat man ihr damit wieder andere als rein mechanische Eigenschaften zugesprochen, und die reinliche Scheidung zwischen Geist und Materie wieder aufgehoben.

Aber auch der „Seele" wird die Wechselwirkungstheorie nicht gerecht. Die Seele ist frei von aller Stofflichkeit, gänzlich immateriell. Und doch soll sie im Raum wirken. Denn der materielle Körper, mit dem sie in Wechselwirkung steht, ist nun einmal räumlich vorhanden. Also muß auch das Seelenwesen räumlich vorhanden sein. Wie soll es sonst auf den im Raum befindlichen Körper wirken?

Demnach wäre die Seele immateriell und zugleich im Raum wirkend und von Räumlichem beeinflußt! Das ist eine unerträgliche Vorstellung, die sich kaum von der naiven des Wilden unterscheidet, nach der die im Körper „wohnende" Seele aus einem hauchartigen Stoff besteht. Denn was bedeutet schließlich ein Unterschied, der nur darin liegt, daß die Seele im einen Fall ein hauchartiger Stoff ist, im anderen immateriell genannt wird, wenn sie in beiden Fällen räumlich gedacht werden muß. Der Unterschied ist gar nicht grundsätzlicher Art; sondern nicht erheblicher, als wenn man die Seele etwa im einen Fall aus Gas, im andern aus Flüssigkeit bestehen ließe.

Erst die Aufhebung der Räumlichkeit würde den grundsätzlichen Unterschied schaffen. Wie will man aber verlangen, daß das Seelenwesen auf räumlich Vorhandenes wirke und von ihm Wirkung empfange, wenn es selbst nicht im Raum ist?

Andererseits aber ist die Vorstellung eines immateriellen und gleichzeitig räumlich vorhandenen „Wesens" unmöglich. Immateriell und Räumlich schließen sich als Eigenschaften eines Wesens gegenseitig aus.

Der Forderung der Wechselwirkungsgläubigen, daß wir die Wechselwirkung trotz aller Unbegreiflichkeit als Tatsache hinnehmen müßten, setze ich die Forderung entgegen, nach einer anderen Erklärung für das zu suchen, was man nach Sprachgebrauch Abhängigkeit der Seele und des Leibes von einander nennt.

* * *

Eine andere dualistische Richtung als die besprochene sieht von der Wesenhaftigkeit der Einzelseele ab, scheidet aber im übrigen nach wie vor die Welt in geistige und materielle Substanz und betrachtet Leib und Seele gewissermaßen als deren Ausschnitte. Auch nach diesem Standpunkt steht der seelenlosen „Materie" der Geist als beherrschende und lenkende Substanz gegenüber. Beide sind unvergänglich, aber in der Form ihrer Beziehungen zu einander wechselnd. Der Tod eines Organismus bedeutet, daß die ihn bildende Materie ihre gegenwärtige Form verliert, andere Verbindungen eingeht und die Beziehungen zur geistigen Substanz, die sie bis dahin hatte, aufgibt. Die geistige Substanz geht nach dem Zerfall des Körpers gleichfalls andere Beziehungen ein. Wer Befriedigung darin findet, von einer Weltseele zu sprechen, wenn er darunter eine überall in der Welt in der mannigfaltigsten Weise wirkende geistige Substanz versteht, mag sagen, daß die Menschenseele nach dem Tode des Körpers sich wieder mit der Weltseele vereinige.

Der Lösungsversuch enthebt uns zwar der Sorgen um das Sein und die Bedeutung des hypothetischen Seelenwesens vor der Entstehung des Körpers und nach dessen Tode, verdinglicht aber die Seele als geistige Substanz ebenso, wie es die Bekenner des persönlichen Seelenwesens tun. Die Einwände, die gegen eine Wechselwirkung zwischen bloßer Materie und immateriellem Seelen*wesen* zu erheben sind, bleiben auch bestehen, wenn das Seelenwesen durch geistige Substanz ersetzt wird.

Wir kommen zu dem Schluß: Es ist nicht möglich, daß die menschliche Persönlichkeit aus einer materiellen und einer geistigen Substanz (mag man letztere als in sich geschlossenes Wesen oder als Ausschnitt einer Weltseele betrachten) bestehe, zwischen denen Wechselwirkung obwaltet.

* * *

Es ist gewiß nicht leicht, sich der Wechselwirkungstheorie zu erwehren. Hat man sie auf der einen Seite mit wichtigen Gründen widerlegt, so droht sie auf der anderen sich wieder einzuschleichen. Vollends gar, wenn sie von bekannten Männern der Wissenschaft verteidigt wird. So äußert sich J. *Reinke* in seinem Vortrag „Über die in den Organismen wirksamen Kräfte" (Salzer, Heilbronn): „Für mich unterliegt es nicht dem geringsten Zweifel, daß für den Bereich der bewußten Seele kausale Wechselbeziehungen zwischen den Seelenkräften und den materiellen, beziehungsweise energetischen Systemen vorkommen, die als Träger der Seele dienen. Während ich zu Ihnen spreche, wirkt meine Seele, wirken meine Gedanken durch den Willen auf die Muskulatur des Kopfes und durch diese energetisch, d. h. arbeitsleistend auf die Außenwelt durch Erregung von Schallwellen. Wenn Sie meine Worte hören, wirkt das materielle System der Luftwellen durch den Zwischenmechanismus der Nerven kausal auf Ihre Seelen ein — wer vermöchte sich der Wahrheit dieser Tatsache zu verschließen?"

Der Wahrheit eines tausendfältigen Vorgangs kann man sich allerdings nicht verschließen. Aber Reinke beschreibt den Vorgang nicht richtig. Freilich, wenn es eine Seelensubstanz gibt, der die „materiellen Systeme" gegenüberstehen, dann muß der Vorgang auf Wechselwirkung zwischen beiden beruhen. Aber die Voraussetzung ist willkürlich. In Wahrheit weiß Reinke nur, daß die Bewußtseinsinhalte seiner Zuhörer sich infolge seiner Worte ändern. Aber, wendet er vielleicht ein, es ist doch unverkennbar, daß ich durch die Worte eines Redners beeinflußt werde, und „ich" ist doch wohl etwas Geistiges.

Hierauf wäre zu erwidern, daß das „Ich" überhaupt nichts mehr ist, wenn wir von allem Bewußtseinsinhalt absehen. Es ist dann nur ein abstraktes Moment oder, wie Schuppe[1]) treffend sagt, der formale Einheits- oder Coincidenzpunkt in Beziehung auf seine vielen verschiedenen Bewußtseinsinhalte. Wir haben keinen Anlaß, aus diesem „Ich" ein an sich vorhandenes Ding zu machen. Deshalb können wir auch nicht eine Einwirkung „materieller Systeme" auf dieses Ding annehmen.

Dasselbe gilt, wenn wir statt des „Ich" das Wort Bewußtsein setzen. Wenn wir auch im gewöhnlichen Leben von einer Einwirkung des Körperlichen auf das Bewußtsein sprechen, so kann doch keine Rede davon sein, daß es sich hierbei um Wechselwirkung zwischen „bloßem Körper" und einem konkreten Bewußtsein handelt,. Ein konkretes Bewußtsein gibt es überhaupt nicht. Wir werden uns im Verlauf dieser Studie davon überzeugen, daß das Bewußtsein nichts ist außer seinem Inhalt, der wiederum nichts ist als ein Abschnitt der sicht-, hör-, tast- usw. baren Welt. An sich ist Bewußtsein nur das Moment „des sich Findens und Habens in irgend welchen Bestimmtheiten" (Schuppe),

---

[1]) Der Zusammenhang von Leib und Seele. Das Grundproblem der Psychologie. Von Dr. W. Schuppe. Wiesbaden, J. F. Bergmann, 1902.

also ein bloßes Abstraktum. Wie soll nun die bloße Materie auf das bloße Abstraktum wirken?

Ich werde später nochmals auf die Unmöglichkeit der Wechselwirkungstheorie und auf den von Reinke mißdeuteten Vorgang zurückkommen. Zunächst wollen wir uns einer anderen Erklärungsform des Seins zuwenden.

* * *

Die Unmöglichkeit der Wechselwirkung ist nicht erst seit gestern erkannt. Von jeher hat man daher versucht, die Beziehungen zwischen geistigen und körperlichen Vorgängen in anderer Weise begreiflich zu machen.

Ein Lösungsversuch geht dahin, daß Geistiges und Körperliches nebeneinander bestehe und zwar derart, daß bestimmte materielle Vorgänge und bestimmte geistige immer einander parallel verlaufen. Auch innerhalb dieser als psychophysischer Parallelismus bezeichneten Anschauungsweise gibt es verschiedene Richtungen, die alle eingehend zu schildern für die vorliegende Untersuchung nicht nötig erscheint.

Gemeinsam ist den verschiedenen Richtungen die Auffassung, daß das materielle und das geistige Geschehen nicht aufeinander wirken, sondern unabhängig von einander seien. Es erhebt sich also die Frage, woher es kommt, daß trotzdem gesetzmäßig mit bestimmten körperlichen oder materiellen Vorgängen bestimmte geistige parallel verlaufen.

Geulincx (1625—1669) beruft sich auf Gott als den Urheber des Nebeneinandergehens. Durch einen materiellen Vorgang, z. B. die Erregung eines Sinnesnerven, veranlaßt, bewirkt er den dazu gehörigen geistigen Akt, nämlich die Empfindung. Desgleichen fühlt er sich durch einen geistigen Vorgang, z. B. durch den Willen, veranlaßt, die zu der Willenshandlung nötigen körperlichen Bewegungen hervorzurufen.

Die Erklärung statuiert also eine fortlaufende Kette von Wundern. Soll sie aber ernst genommen werden, so ist entgegenzuhalten, daß sie angesichts der offensichtlichen Gesetzmäßigkeit der Beziehungen zwischen Körper und Geist eine regelmäßige Wechselwirkung zwischen Gott und Körper verlangt, also doch wieder die Wechselwirkung zwischen Geist und Materie. Denn Gott ist ja Geist.

Anscheinend annehmbarer, aber vor kritischer Prüfung ebensowenig haltbar, ist der psychophysische Parallelismus in der Form, wie ihn

Spinoza (1632—1677) lehrte. Körperliche und geistige Vorgänge können sich nach ihm gegenseitig nicht beeinflussen. Vielmehr kann Körperliches nur aus Körperlichem, Geistiges nur aus Geistigem begriffen werden. Aber jedem körperlichen Vorgang entspricht ein bestimmter geistiger. Wiederholt sich der erstere, so tritt auch der letztere wieder ein. Es gibt überhaupt kein körperliches Geschehen ohne ein entsprechendes geistiges, und ebenso kein geistiges ohne körperliches. Beide Reihen laufen gesetzmäßig neben einander, weil sie Attribute der einzigen Substanz Gott sind. Und Gott ist identisch mit der Welt. Es gibt nichts außer ihm.

Nach Spinoza ruft also nicht etwa ein Gedanke eine Bewegung hervor, noch eine Bewegung (etwa von Gehirnmolekülen) einen Gedanken. Trotzdem sind die körperlichen und geistigen Vorgänge in Gott, dessen Attribute sie sind, vereinigt. Deshalb, also weil sie eigentlich nur zwei Seiten eines und desselben Wirklichen sind, verlaufen sie stets mit unverbrüchlicher Gesetzmäßigkeit neben einander.

Das Denken kommt bei dem Lösungsversuch Spinozas ebensowenig zur Ruhe wie bei der Lehre von der Wechselwirkung. Wenn Gott mit der Welt identisch ist, wenn er alles Sein in sich schließt, wenn weder eine Welt neben ihm ist, noch er neben der Welt, so ist damit über die Welt nichts ausgesagt. In den Worten: „Deus sive substantia sive natura" liegt weder eine Erklärung der Welt noch des Wesens Gottes. Charakterisieren kann ich nur, indem ich sondere und unterscheide. Wenn aber alles = Gott ist, was hilft mir denn dieses Wort zum Erkennen und Begreifen? Nichts, rein gar nichts. Und wenn wir uns dieses klar gemacht haben, sehen wir auch ein, daß die Bezeichnung der materiellen und geistigen Vorgänge als Attribute Gottes nur ein Spiel mit Worten ist. Hätte Spinoza sie als Offenbarungen eines über der Welt stehenden Gottes bezeichnet, so ließe sich solche Anschauung zwar bekämpfen. Immerhin ließe sich bei ihr etwas denken, und das gesetzliche Nebeneinander der beiden Attribute hätte einen gewissen Sinn. Wenn er aber die beiden Vorgänge Attribute des mit der Welt, d. h. mit allem Sein identischen Gottes nennt, so hat er sie nicht im geringsten bestimmt, und ihr gesetzliches Nebeneinander bleibt unerklärt.

Der psychophysische Parallelismus wird auch nicht dadurch annehmbarer, daß man nach dem Vorschlag von Leibniz das Nebeneinander der geistigen und körperlichen Vorgänge auf die prästabilierte Harmonie zurückführt. Die „prästabilierte Harmonie" bildet keine Erklärung, sondern sie ist nur ein Ausdruck für die unbewiesene Annahme, daß es ein gesetzliches Nebeneinander zweier von einander unabhängiger Vorgänge, der geistigen und der körperlichen, gäbe. Diese Annahme hat, wie Ostwald in seinem Grundriß der Naturphilosophie treffend bemerkt, keine andere Existenzberechtigung als die Voraussetzung von der Gegensätzlichkeit der geistigen und mechanischen Welt.

II. Kapitel.

Monistische Lösungsversuche.

Wenn der Zusammenhang von Leib und Seele weder durch Wechselwirkung zwischen Geist und Materie noch durch den psychophysischen Parallelismus befriedigend erklärt werden konnte, so lag es nahe, des Rätsels Lösung einfach durch Ausschaltung des einen der beiden Faktoren zu suchen, die das Sein zu bilden scheinen.

Diesen Weg haben in der Tat zahlreiche Philosophen beschritten. Folgen wir zunächst einmal dem Engländer George Berkeley (1684—1753). Er ging von dem Unterschied zwischen den sogenannten primären und sekundären Qualitäten der Dinge aus. Nach Demokrit (460 v. Chr.) haften den Dingen gewisse Eigenschaften an, die sie nur in unserer Idee haben, und solche, die ihnen an sich zukommen. Zu den ersteren, den sogenannten sekundären, gehören Farbe, Temperatur, Geschmack, Geruch usw.; zu den letzteren, den primären, gehören Schwere, Ausdehnung, Zahl, Bewegung oder Ruhe usw. Sodann knüpfte Berkeley an den berühmten Zweifel des Descartes an dem Vorhandensein der körperlichen Dinge. Er glaubte, beweisen zu können, daß der Unterschied zwischen den primären und sekundären Qualitäten nicht aufrecht zu erhalten sei. Auch die primären bestehen nur in Beziehungen zu anderen Dingen und unseren erkennenden Organen.

Da nun, so folgerte Berkeley, die sekundären Qualitäten nichts sind als Ideen, und ein Unterschied zwischen den primären und sekundären Qualitäten nicht besteht, so bleibt von den Dingen nichts mehr übrig als die Ideen. Ihr Träger ist unser Geist. Die Körperwelt ist nur ein Komplex von Ideen, der durch Gott in uns erregt wird.

Wenn wir irgend einen Gegenstand oder auch den Körper eines Menschen oder Tieres betrachten, so müssen wir in der Tat zugeben, daß alles, was sich von ihm aussagen läßt, unsere Empfindung ist. Von einer Farbe könnte nicht die Rede sein, wenn wir sie nicht wahrnähmen. Desgleichen nicht von der Gestalt. Ein Festigkeitsgrad wäre dem Körper nicht zuzusprechen, wenn er sich nicht kund gäbe durch den von uns empfundenen Widerstand beim Betasten oder durch andere Beziehungen, die von uns wahrzunehmen sind. Kurz, es gibt keine Eigenschaft des Körpers, die etwas anderes wäre als unsere Empfindung. Die Unterscheidung zwischen primären und sekundären Qualitäten ist willkürlich, nicht durch das Wesen der Dinge mit Naturnotwendigkeit begründet. Ist somit alles Empfindung und demnach psychisch, so ist es ein Unding, außerhalb der Empfindung irgend etwas als vorhanden anzunehmen. Die ganze Welt ist Vorstellung. Die Körperwelt ist vernichtet.

Bei der scheinbar unwiderleglichen Richtigkeit dieses Gedankengangs ist es nicht befremdend, daß zahlreiche Philosophen zu ähnlichen Schlüssen kamen wie Berkeley. So z. B. Hume (1711—1776). Er unterschied sich von Berkeley dadurch, daß er nicht gleich diesem ein Seelenwesen als Träger der Empfindungen annahm. Ebensowenig wie die Erfahrung eine hinter den Erscheinungen steckende materielle Substanz zeige, biete sie Anhaltspunkte für die Existenz einer die Bewußtseinsinhalte zusammenfassenden konkreten „Seele" oder eines konkreten Bewußtseins oder Ichs. Nur Bewußtseinsinhalte könne die Vernunft zugeben.

Von lebenden Philosophen steht unter anderen der bekannte Psychiater Ziehen auf einem ähnlichen Standpunkt. In seinem „Leitfaden der physiologischen Psychologie" (Fischer, Jena 1906) behauptet er ausdrücklich: „Eine solche kritische Prüfung ergibt nun ganz unwiderleglich, daß uns zunächst einzig und allein die psychische Reihe der Erscheinungen gegeben ist." — „Sie sehen einen Baum. Scheinbar sind Ihnen hier beide Reihen schon gegeben: Ihre Gesichtsempfindung und der Baum. Ist dies aber der exakte Ausdruck des empirischen Tatbestandes? Keinesfalls. Was Ihnen gegeben ist, ist einzig und allein Ihre Gesichtsempfindung Baum, also lediglich ein psychischer Prozeß. Wir verarbeiten erst diese Empfindung in ganz eigentümlicher Weise, indem wir die Vorstellung von einem Gegenstand Baum bilden, welcher die Ursache meiner Empfindung Baum sein soll. Sie werden mir vielleicht, wie ein Bekannter es tat, einwerfen: „Wie, der Baum soll nicht existieren? Ich stoße Sie wider den Baum, dann werden Sie es schon merken." Ich habe darauf geantwortet: „Dann verschaffen Sie mir zu der Gesichtsempfindung eine Berührungsempfindung, aber aus dem Zirkel der Empfindungen komme ich nicht heraus. Ebenso mit allen Gegenständen. Überall ist uns nur die psychische Reihe der Empfindungen und ihrer Erinnerungsbilder gegeben, und es ist nur eine universelle Hypothese, wenn wir zu dieser psychischen Reihe eine zu ihr in kausalem Verhältnis stehende materielle Reihe annehmen."

Im übrigen nimmt Ziehen gleich Hume nicht eine Seele als Träger der Empfindungen an, sondern er läßt lediglich die Empfindungen in ihrer unendlich mannigfaltigen Verknüpfung das ursprünglich für uns Gegebene sein. Nach Ziehen zeigt uns also die Erfahrung weder eine materielle noch eine seelische Substanz, sondern nur Bewußtseinsinhalte, und die ganze Umwelt ist „universelle Hypothese".

Man bezeichnet die Weltanschauung, nach der die psychische Reihe das allein ursprünglich Gegebene ist, als erkenntnistheoretischen Idealismus. Zum Begreifen der Welt, zum Verständnis des Zusammenhangs zwischen geistigen und materiellen Vorgängen ist er gänzlich ungeeignet. Überdies erscheint mir der Beweis leicht zu erbringen, daß er irrtümlich ist und auf Trugschlüssen beruht.

Unerläßliche Voraussetzung für die Möglichkeit des erkenntnistheoretischen Idealismus ist die vorherige Spaltung alles Seienden in Materie und Geist. Es ist ganz ausgeschlossen, daß jemand auf einem anderen Wege zu ihm gelangen kann. Denn es hat doch nur dann überhaupt irgend einen Sinn, von der psychischen Reihe zu sprechen, wenn man sie der materiellen gegenüberstellt. Der Begriff psychisch ist ja nur denkmöglich im Hinblick auf den Begriff materiell. Gerade im Gegensatz zum Materiellen besteht ja das Psychische und nur durch diesen Gegensatz.

Und trotzdem soll das Psychische ursprünglich allein gegeben, das Materielle aus ihm erschlossen sein?

Man denke! Ursprünglich wäre also gegeben, was nur denkmöglich ist durch etwas, was aus dem ursprünglich Gegebenen hypothetisch erschlossen sein soll!

Das ist unhaltbar.

Wie man auch das Problem betrachten mag, man kann folgendem Schluß nicht entrinnen: entweder muß man auf eine charakterisierende Benennung dessen verzichten, was einem ursprünglich allein gegeben erscheint, oder man muß, wenn man es psychisch nennt, zugeben, daß hierzu das Materielle als gleichfalls schon gegeben vorausgesetzt ist, da man sonst mit der Bezeichnung psychisch das ursprünglich Gegebene nicht im geringsten charakterisieren würde. Mit diesem Zugeständnis aber hebt man den erkenntnistheoretischen Idealismus wieder auf. Er ist unmöglich.

Überdies bildet er als Weltanschauung eine Gefahr für unklare Köpfe, da er sie unter Umständen dazu verleitet, die körperlichen Bedingungen des sogenannten geistigen Geschehens zu vernachlässigen. Vollends absurd als Weltanschauung wäre er für den, der wirklich das Dasein der Körperwelt leugnen wollte und alles Vorhandene für psychisch hielte. Denn der Begriff psychisch verliert ja jeden Sinn, wenn durch ihn alles charakterisiert werden soll. Bezeichnen und charakterisieren kann man etwas nur durch Sonderung, durch Beilegung von Eigenschaften, die nicht allem anderen zukommen. (S. 11.) Ist aber alles Sein Empfindung und Vorstellung oder mit anderem Wort psychisch, so bedeutet das nicht mehr, als ob man gar nichts von ihm ausgesagt hätte. Es ist ganz gleich, ob man alles psychisch oder materiell oder sonst irgendwie nennt oder ob man nichts darüber sagt.

* * *

Zu den monistischen Lösungsversuchen wird gemeiniglich auch der sogenannte Materialismus gerechnet. Seine Wesensbestimmung ist nicht einfach. Die philosophischen Systeme, die als materialistische bezeichnet werden, bieten keineswegs Übereinstimmung. Die Schwierigkeit wird dadurch vermehrt, daß vielfach Unklarheit darüber herrscht, welches die Merkmale materialistischer Weltanschauung sind. Wer nicht anerkennt, daß der Mensch aus dem Körper und der ihn belebenden „Seele" bestehe, wird von einzelnen Anhängern jener dualistischen Theorie als Materialist bezeichnet. Anderen wiederum erscheint materialistisch, wer den erkenntnistheoretischen Idealismus verwirft. Gesteigert wird die Unklarheit durch die Vermengung ethischer Gesichtspunkte mit rein erkenntnistheoretischen Fragen. Schließlich besteht noch die Tatsache, daß manche Schriftsteller, die ein materialistisches Weltbild zu entwerfen versucht haben, Widerspruchsvolles zusammentrugen.

Bevor wir die Wesensbestimmung des Materialismus beginnen, müssen wir uns die Bedeutung des Begriffs Materie klar zu machen suchen. In den vorausgegangenen Ausführungen war unter Materie im allgemeinen schlechthin das verstanden, was im scheinbaren Gegensatz zum sogenannten geistigen Geschehen steht. Nach der landläufigen Meinung gehören eben zur materiellen Reihe die Bestimmtheiten, die als „Dinge der Außenwelt" sich von dem abzuheben scheinen, was Bewußtsein genannt wird. In diesem Sinne war auch bisher in dieser Studie von Materie die Rede. Dabei war betont worden, daß man sich bei Bildung des Begriffs der Materie vor jeder Verquickung mit irgend welchen seelischen Faktoren hüten müsse.

Im nächsten Kapitel werden wir ernstlich zu prüfen haben, ob es überhaupt eine Materie im philosophischen Sinne gibt. Zunächst müssen wir, um die Berechtigung des Materialismus prüfen zu können, von der Annahme einer wirklich vorhandenen Materie ausgehen. Und diese Materie kann, wenn sie als Erklärungsprinzip für die Welt und insbesondere für das Wesen des Geistes und den Zusammenhang von Leib und Seele eingeführt werden soll, nichts anderes sein *als das, was nach Abzug aller sogenannten geistigen Beziehungen von den Dingen übrig bleibt.*

Hat man dies erst einmal völlig begriffen, so erkennt man die Schwäche jedweder materialistischen Welt- und Seelenerklärung, bevor man ihre Einzelheiten erfahren hat. Wenn z. B. von der Entstehung von Empfindungen durch Bewegung von Nervenelementen die Rede ist, so bedeutet das nichts weniger als eine Erklärung. Die lebendigen Nerven sind doch keine Materie, die als Erklärungsprinzip zu verwenden ist. Selbstverständlich wird nicht bestritten, daß sie an den Empfindungsvorgängen irgend welchen Anteil haben. Aber sie sind ja selbst in ihrer Lebendigkeit etwas sehr Kompliziertes und Erklärungsbedürftiges, keineswegs Materie in dem soeben dargelegten Sinn. Das wird jedoch sehr häufig von den materialistischen Seelenerklärern übersehen. Meint man es aber ernst mit dem Materialismus, so darf man sich nicht mit so hoch komplizierten Gebilden als Erklärungsprinzipien begnügen, sondern man muß als Urbestandteil der Welt eben jene Materie ansehen, die nur im Gegensatz zu allem Geistigen besteht und als Rest von den Dingen der Welt nach Abzug alles Geistigen übrig bleibt.

Es ist ohne weiteres klar, daß es aussichtslos ist und bleiben muß, mit dieser Materie Welt und Seele erklären zu wollen. Nehmen wir einige Beispiele. Der Materialist *Büchner* sagt in seinem Buch „Kraft und Stoff": „Der Gedanke, der Geist, die Seele ist nichts Materielles, nicht selbst Stoff, sondern der zu einer Einheit verwachsene

Komplex verschiedenartiger Kräfte, der Effekt eines Zusammenwirkens vieler mit Kräften oder Eigenschaften begabter Stoffe." Der Satz enthält beinahe so viel Unklarheiten wie Worte. Aber es ist doch herauszulesen, daß der Geist durch das Wirken von Stoffen entstehen soll, die naturgemäß nicht Geist sein können, da ja der Geist nach Büchner nicht Stoff ist. Also durch das Wirken des an sich durchaus Geistlosen, des „bloßen Stoffs" soll Geist oder Seele entstehen!

Das ist undenkbar.

Ernst Haeckel, der im übrigen gleichfalls den Geist befriedigend erklärt zu haben glaubt, indem er ihn aus dem Wirken der Materie hervorgehen läßt, nimmt mit Recht daran Anstoß, daß durch Bewegung „bloßer" Materie Bewußtsein entstehen soll. Er stattet deshalb schon die Atome, die gedachten kleinsten Teilchen der Materie, mit Empfindung und Willen aus, freilich mit unbewußter Empfindung und unbewußtem Willen. Die unbewußten psychischen Tätigkeiten gehen mit fortschreitender Organisation der Materie in die bewußten über. Eine scharfe Grenze läßt sich nicht ziehen. Jedoch ist Haeckel der Ansicht, daß „wahres Bewußtsein (Denken und Vernunft) nur bei jenen höheren Tieren zu finden ist, welche ein zentralisiertes Nervensystem und Sinnesorgane von einer gewissen Höhe der Ausbildung besitzen."

Der Lösungsversuch ist nicht befriedigender als der Büchners. Man beachte: das „wahre Bewußtsein" entsteht erst durch das Wirken von Stoffteilchen, die selbst nur „unbewußte Empfindungen" und „unbewußten Willen" haben. So entsteht also doch nach Haeckel Bewußtsein aus Unbewußtem. Die Schwierigkeit wird dadurch nicht beseitigt, daß jenes Unbewußte angeblich eine Art von Empfindung und Willen unbewußter Natur hat. Unter unbewußter Empfindung und unbewußtem Willen läßt sich nichts vorstellen. Bis zu einem gewissen Grad annehmbar wäre der Lösungsversuch ausgefallen, wenn Haeckel schon den Atomen Bewußtsein zugeschrieben hätte; aber er verwahrt sich in seinen „Welträtseln" ausdrücklich gegen die Annahme, daß er dies getan habe. Seine Erklärung wäre dann allerdings auch nicht mehr materialistisch gewesen. Die Eigenschaft des Bewußtseins widerspricht dem Begriff Materie. Bewußte Materie wäre ein Unding. Haeckels Verwahrung gegen die Unterstellung, er habe den Atomen Bewußtsein zuerkannt, ist demnach verständlich.

Alle sogenannten materialistischen Seelenerklärungen leiden an innerem Widerspruch, der durch das Wesen dieser Systeme mit Notwendigkeit begründet ist. Entweder werden die Nervenorgane als Erklärungsmittel herangezogen, und das Problem wird dadurch einfach verschoben, keineswegs aber materialistisch im wirklichen Sinn des Worts gelöst. Oder es wird die Ungeheuerlichkeit aufgestellt, daß durch Bewegung des „bloßen Stoffs" Bewußtsein erzeugt wird. Oder der Stoff wird schon mit seelischen Eigenschaften ausgestattet und ist dann eben keine Materie mehr.

Schließlich ist noch darauf hinzuweisen, daß der Materialismus auch nicht monistisch ist, wie er zu sein vorgibt. Denn es sind immer zwei Bestandteile da: der Geist und die bewegte Materie, wenn auch der erstere aus der letzteren entsteht.

Als Erklärungsprinzip für das Wesen der geistigen Vorgänge und deren Verhältnis zum Körper und der Welt lehnen wir den Materialismus ab. Seiner Bedeutung für die Naturwissenschaften wird damit nicht zu nahe getreten.

* * *

Es konnte nicht ausbleiben, daß, wenn sowohl das Psychische als auch die Materie zur Grundlage philosophischer Systeme gemacht wurden, schließlich auch den Bewegungen oder Kräften dieses Schicksal zuteil werden mußte, durch deren Wirken angeblich die Materie zur Trägerin von allem Sein wird. Als einer der kühnsten Versuche in dieser Richtung ist das von Ostwald entworfene energetische Weltbild zu bezeichnen. Ich will versuchen, es in kurzen Zügen soweit darzustellen, wie es der beschränkte Raum gestattet und der Zweck dieser Studie erfordert.

Ostwald[1]) baut sein Lehrgebäude auf dem zum erstenmal von dem Heilbronner Arzt Julius Robert Mayer 1842 deutlich ausgesprochenen Gesetz von der Erhaltung der Energie auf. Auf eine ausführliche Anführung der dieses Gesetz bestätigenden Tatsachen kann ich verzichten, da sie ohnehin bekannt sein dürften, und im übrigen jedes Lehrbuch der Physik genügende Auskunft gibt. Um nur einiges anzuführen, sei daran erinnert, daß Arbeit in Wärme verwandelt werden kann, ferner in elektrische Energie. Letztere hinwieder läßt sich in Arbeit, in Licht usw. verwandeln. Chemische Energie setzt sich um in Wärme usw.

---

[1]) Siehe Näheres in „Grundriß der Naturphilosophie" (Leipzig 1908) und „Vorlesungen über Naturphilosophie" (Leipzig 1902) von Wilhelm Ostwald.

Bisher hat sich noch jedesmal gezeigt, daß nie irgendeine Energiemenge verschwindet, ohne daß eine äquivalente Menge einer anderen Energie entsteht. Alle Erscheinungen der Physik, einschließlich der Chemie, verlaufen im Rahmen des Gesetzes von der Erhaltung der Energie. Das heißt: bei allen physikalischen und chemischen Erscheinungen handelt es sich um nichts anderes als um Umwandelungen der verschiedenen Energiearten in einander.

Ostwald geht nun so weit, auch die Materie oder den Stoff unter den Begriff der Energie zu bringen. Sein Gedankengang ist hierbei etwa folgender: Alle Körper haben Masse und Gewicht. Von der Masse gewinnen wir eine Vorstellung, wenn wir verschiedene Körper in Bewegung zu setzen suchen. Unsere Muskeln leisten hierbei gewisse Arbeitsbeträge, und wir fühlen, ob diese größer oder kleiner sind. „So ergibt sich ein anschauliches Bewußtsein für die Tatsache, daß verschiedene Körper für die gleiche Geschwindigkeit ganz verschiedene Arbeiten brauchen. Die Eigenschaft, die hier zur Wirkung gelangt, nennt man die Masse, und man setzt die Masse proportional der Arbeit, welche die verschiedenen Körper zur Erlangung der gleichen Geschwindigkeit gebrauchen." — Masse bedeutet demnach nach Ostwald eine Wirkung oder Energie. Ebenso handelt es sich auch beim Gewicht um eine Wirkung oder Energie, nämlich um die von der Erde ausgeübte Anziehung. „Zwischen der Eigenschaft, der Erde mit einer bestimmten Kraft zuzustreben (die man das Gewicht nennt), und der Eigenschaft, unter dem Einfluß bewegender Ursachen gewisse Geschwindigkeiten anzunehmen, besteht ein regelmäßiger Zusammenhang." — „Der Name, den man diesem Begriff des räumlichen Zusammenseins von Masse und Gewicht beilegt, heißt Materie. Erfahrungsgemäß besteht nun auch für diese Größen ein Erhaltungsgesetz. Dieses besagt, daß alle Änderungen, welche wir mit den wägbaren und mit Masse behafteten Körpern vornehmen mögen, deren Gewicht und Masse insgesamt nicht ändern." — Nach Ostwald ist also das Gesetz von der Erhaltung der Materie, da letztere nach seiner Ansicht nur die Wirkung von Energien bedeutet, nur ein Sonderfall des Gesetzes von der Erhaltung der Energie. Im weiteren führt er auch die Form, das Volum und die Flächenbegrenzung der Körper auf Energien zurück: „Die Formenergie betätigt sich darin, daß es Gebilde (die festen oder starren Körper) gibt, welche eine bestimmte Gestalt deshalb beibehalten, weil jede Änderung der Gestalt mit Arbeit oder anderem Energieaufwand verbunden ist." — „Andere Gebilde haben zwar keine (oder nur eine verschwindend geringe) Formenergie, indem sie Formänderungen ohne Arbeitsaufwand gestatten, wohl aber kann ihr Volum nur durch solchen geändert werden. Hier gibt es zwei Klassen. Erstens die Flüssigkeiten, welche ein bestimmtes Volum (entsprechend der bestimmten Gestalt der festen Körper) haben, dessen Änderung in jedem Sinne, Verkleinerung wie Vergrößerung, Arbeit erfordert. Zweitens die Gase mit einsinniger Volumenergie, bei denen nur die Verkleinerung des Volums Arbeit erfordert, während bei der Vergrößerung welche ausgegeben wird."

Nachdem Ostwald so die ganze Körperwelt zu Energie gemacht hat, ordnet er auch das gesamte geistige Geschehen dem Energiebegriff unter: „Denn wenn auch die Unmöglichkeit zugegeben werden muß, das Denken mechanisch zu fassen, so besteht doch keine Schwierigkeit, es energetisch zu fassen, zumal Denkarbeit bekanntlich ebenso mit Energieverbrauch und Ermüdung verbunden ist wie physische Arbeit."

Wir sehen, daß Ostwald alles Geschehen ausnahmslos unter den Begriff der Energie bringt. Er läßt hierüber keinen Zweifel: „Alle Naturerscheinungen lassen sich in den Begriff der Energie einordnen. Jeder Vorgang, ohne Ausnahme, läßt sich dadurch exakt und erschöpfend darstellen oder beschreiben, daß man angibt, welche Energien zeitliche und räumliche Veränderungen erfahren. Alles, was wir von der Außenwelt wissen, können wir in der Gestalt von Aussagen über vorhandene Energien darstellen." — „Die Energie ist die allgemeinste Substanz, denn sie ist das Vorhandene in Zeit und Raum, und sie ist das allgemeinste Akzidens, denn sie ist das Unterschiedliche in Zeit und Raum."

Gegen Ostwalds Weltbild ist vor allem einzuwenden, daß der Begriff Energie jeglichen Inhalt verliert, wenn ihm alles Geschehen und alles Sein ausnahmslos zugeordnet wird. Früher hob ich schon hervor, daß man nur durch Sonderung charakterisieren kann und durch Beilegung von Eigenschaften, die nicht allem zukommen. Es mag ja sein, daß man jeden Vorgang auf dem von Ostwald gewiesenen Wege als Wirkung von Energie darstellen kann. Allein um anschaulich darzustellen, muß man doch genau die verschiedenen in Betracht kommenden Energien hinsichtlich ihrer Wirkung und räumlichen Anordnung beschreiben. Man muß also die besondere Art der zur Wirkung gelangenden Energien hervorheben. Auch Ostwald kann nicht umhin, eine ganze Anzahl von Energien zu unterscheiden. Damit hebt er eigentlich, ohne es zu wollen, sein einheitliches Prinzip wieder auf. Will er aber daran festhalten, so kann man ihm mit Recht entgegnen, daß es völlig gleichgültig ist, ob er alles auf Energie oder auf Materie oder sonst etwas zurückführt. Er könnte ebenso gut sagen: alles beruht auf Vorhandenem oder Gegebenem.

Insbesondere leistet uns Ostwalds Theorie nichts zur Lösung des Seelenrätsels und zum Verständnis des Verhältnisses zwischen Leib und Seele. Denn was hilft es uns, wenn wir mit Ostwald das seelische Geschehen der Energie zurechnen? Handelt es sich um eine besondere „Seelenenergie", so haben wir nichts gewonnen. Wir haben dann nur die „Seelenenergie" den anderen Energien gegenübergestellt. Das ist nichts anderes, als wenn wir schlechthin die Seele oder das geistige Geschehen (oder wie wir es auch nennen wollen) dem anderen Sein gegenüberstellen. Ostwald spricht sich nicht ganz klar darüber aus, ob er eine besondere Energie für die geistigen Vorgänge annimmt, oder eine Kombination bekannter Energien. In seinem Grundriß der Naturphilosophie äußert er sich folgendermaßen: „Welcher Art die Energie ist, die sich im Nerven fortpflanzt, ist unbekannt. Es kann entweder eine besondere Art sein, die nur unter den hier vorhandenen Bedingungen entsteht (etwa wie ein galvanischer Strom nur unter bestimmten chemischen und räumlichen Bedingungen entsteht), oder es handelt sich um eine besondere Kombination bekannter Energien, wie beim Schall und wahrscheinlich beim Licht. Die genauere Kenntnis des Nervenvorgangs wird voraussichtlich Entscheidung in dieser Frage bringen. Wird ein solcher Vorgang durch irgendeine Energiewirkung von außen hervorgerufen, so kann er verschiedene Folgen haben. Im einfachsten Fall löst er die entsprechende Reaktion aus, wie sich die Blätter der Sinnpflanze auf Berührung schließen. Oder er veranlaßt eine Reihe von nacheinander erfolgenden Vorgängen, wie bei den Instinkthandlungen. Oder endlich er bewirkt eine Reihe innerer Vorgänge, die zu einer weitgehenden Unterscheidung geringer Verschiedenheiten dieser Einwirkung und einer entsprechend abgestuften Reaktion unter Voraussicht ihres Erfolges führen. Dies nennen wir bewußtes Denken, Wollen und Handeln."

Ich glaube nicht, daß die genauere Kenntnis des Nervenvorgangs die Entscheidung in dem Sinne bringen wird, daß wir infolge dieser Kenntnis Bewußtsein so begreifen wie irgend ein anderes Naturgeschehen. Zwar habe ich keine Veranlassung, zu bezweifeln, daß beim Denken gewisse Prozesse im Gehirn stattfinden, die man als energetische bezeichnen mag. Aber auch wenn wir diese Prozesse aufs genaueste kennen würden, hätten wir nur neuen Bewußtseins*inhalt* kennen gelernt. Das Bewußtsein selbst bleibt darum doch reines Abstraktum. Freilich wissen wir, daß es kein Bewußtsein ohne Inhalt geben kann. Aber darum ist das Moment Bewußtsein doch nicht mit dem Inhalt identisch. Es ist eine Abstraktion, die weder mit der bewegten Materie der materialistischen Weltauffassung noch mit den Energien *Ostwalds* identisch sein kann.

Wenn *Ostwald* glaubt, mit seiner Energielehre den Materialismus überwunden zu haben, täuscht er sich. Man erwäge, daß er gleich den Materialisten mit demselben Prinzip, mit dem er die ganze Körperwelt begreift, auch das Seelenleben erklärt. Ich kann beim besten Willen keinen grundsätzlichen Unterschied von erheblicher Bedeutung zwischen seiner und der materialistischen Weltauffassung finden. Sind es bei ihm die Energien, die alles körperliche und geistige Geschehen bedingen, so wird bei den Materialisten die bewegte Materie zur Grundlage von beiden gemacht. Ist da wirklich ein so wesentlicher Unterschied, daß von Überwindung des Materialismus die Rede sein kann? Wenn *Ostwald* an Stelle der Materie die Energie als die absolute Substanz hinstellt, so hat er nur eine Abstraktion gegen die andere eingetauscht.

* * *

Wir kommen zu dem Schluß, daß es überhaupt nicht möglich ist, das Ganze der Welt durch ein einziges Prinzip zu erklären. Wenn *alles* auf einem einzigen Wirken beruht, wenn ein Einziges das Wesen aller Dinge und Vorgänge ausmacht, so haben wir damit nichts erklärt. Dabei ist es vollständig gleichgültig, wie man das vermeintliche Einzige nennt. Wer da glaubt, mit ihm die Welt begriffen zu haben, liefert nur einen Beleg zu der alten Erfahrung, daß der Mensch sich gern mit Worten zufrieden gibt, wenn ihm volle Einsicht fehlt. „Begreifen" kann man nur dadurch, daß man das zu Begreifende zu anderem in Beziehung setzt. Ist aber alles ein und dasselbe, gibt es nichts Besonderes mehr, zu dem man in Beziehung setzen kann, so ist von Begreifen keine Rede mehr. Das ganze All durch ein Einziges erklären zu wollen, bedeutet genau so viel, wie nichts darüber auszusagen.

III. Kapitel.

Analyse.

Wir hatten in den vorausgegangenen Kapiteln kennen gelernt, in welcher Weise man versucht hat, 1. die Materie, 2. die Bewegung oder Energie und 3. das Psychische zur Grundlage eines Weltbildes zu machen, und zwar sowohl jeden der drei Faktoren als solchen als auch die Kombination von mehreren oder allen dreien.

Das bisher über diese Versuche gewonnene Urteil werden wir vertiefen und befestigen, wenn wir nunmehr untersuchen, welcher Grad von Wirklichkeit den einzelnen der genannten Faktoren zukommt.

Wir beginnen mit der Materie. Die vielen Mißverständnisse, die um diesen Begriff entstanden sind und immer wieder entstehen, erklären sich zum großen Teil aus der Tatsache, daß die meisten sich seine Bedeutung nicht klar machen. Materie scheint vielen das Bekannteste von allem zu sein, was es gibt, und eine genaue Feststellung erscheint überflüssig. Auch in der Einleitung zu dieser Studie wurde die „Materie" zunächst als etwas keiner näheren Erklärung Bedürftiges behandelt, als die Körperwelt schlechthin. Und zwar mit Absicht. Es erschien notwendig, den Leser zuerst auf die einleitenden Tatsachen und Untersuchungen hinzuweisen, bevor die Bedeutung der Materie philosophisch erörtert wurde. Sodann hatten wir uns überzeugt, daß, wenn man die Materie als Erklärungsprinzip der Welt verwenden will, unter ihr nur das verstehen kann, was nach Abzug des Geistigen von den Dingen übrig bleibt. (S. 16.) Und nachdem wir von Ostwalds Energielehre Kenntnis genommen und, unter Ablehnung der Energie als Weltsubstanz, als wertvolle Wirklichkeit aus dieser Lehre die Tatsache kennen gelernt haben, daß alles nur in Beziehungen zu anderem besteht, daß alles Vorhandene nur ein Komplex von gegenseitigen Wirkungen ist, müssen wir die Definition der Materie dahin erweitern, daß sie das ist, was nach Abzug des Geistigen und der Beziehungen zu anderen Dingen von den Dingen übrig bleibt.

Betrachten wir unter diesem Gesichtspunkt unsere Umgebung und unseren eigenen Körper und versuchen, aus ihnen die Materie zu erkennen. Da ist zunächst an den Gegenständen und an unserem Körper mancherlei zu sehen: Helles, Dunkles, Eckiges, Rundes, Farbiges usw. Aber zum Gesehenwerden gehört das Sehen, und das Sehen ist ein geistiger Akt. Ohne das sehende Subjekt sind die genannten Eigenschaften nichts. Also haben wir zunächst alle sichtbaren Eigenschaften von den Gegenständen abzuziehen, wenn wir die angeblich zugrunde liegende von Geistigem freie Materie suchen. Ferner ist durch den Tastsinn manches festzustellen. Und da auch das Tasten ein geistiger Akt ist, müssen wir beim Suchen nach der Materie auch die tastbaren Eigenschaften abziehen. Ebenso auch die hörbaren Eigenschaften, die Töne und Geräusche, desgleichen Geschmack und Geruch der Dinge. Ferner sind abzuziehen Masse und Gewicht, da diese Eigenschaften ja nur in Beziehung auf andere Weltbestandteile da sind (S. 19), also nicht einem Urprinzip der Welt, welches die Materie ja sein soll, an sich angehören können.

Was bleibt nun übrig?

Wenn ich diesem Rest einen Namen geben soll, so finde ich keinen besseren als den von Schuppe gebrauchten: lautlose Finsternis der Atomwelt. Vorstellen können wir uns nichts darunter. Wir wollen uns diese lautlose Finsternis der Atomwelt aber eine Weile gefallen lassen. Dann hätten wir die gesuchte Materie.

Und nun erhebt sich die Frage, wie die Welt der Erfahrung zustande kommt, wenn diese Materie ein Bestandteil von ihr ist?

Etwa durch Wechselwirkung? Nun, wir hatten uns schon überzeugt, daß die Wechselwirkung unmöglich ist. Nachdem wir uns das Wesen der Materie, zwischen der und der geistigen Substanz die Wechselwirkung stattfinden soll, nochmals vor Augen geführt haben, wird uns die Unmöglichkeit vollends klar. Man erwäge: auf der einen Seite die lautlose Finsternis der Atomwelt, der gänzlich eigenschaftslose Stoff; auf der anderen der Geist (Seelenwesen oder geistige Substanz), der erst diesem eigenschaftslosen Stoff alles das verleiht, was wir von ihm aussagen können, nämlich Gestalt, Farbe, Form, Festigkeit usw., dabei auch von ihm beeinflußt wird!! Man begreife doch, was das bedeutet. Die Dinge und mein Körper sollen an sich ein Komplex eigenschaftsloser Atome sein, und erst durch Einwirkung des Geistigen hierauf und umgekehrt durch Einwirkung des eigenschaftslosen Stoffs auf den Geist soll die Welt unserer Erfahrung entstehen, soll mein so und so beschaffener Körper, sollen die so und so aussehenden, gestalteten, gefärbten, tönenden, duftenden und schmeckenden Dinge der Welt zustande kommen?

Das begreife, wer kann.

Möchten doch die Wechselwirkungsgläubigen die Voraussetzungen und Folgerungen ihres Glaubens ganz übersehen! Sie würden geheilt werden.

Und nun gar erst die Anhänger des psychophysischen Parallelismus! Nach ihrem Glauben beeinflussen sich Geist und Materie zwar nicht, aber materielles und geistiges Geschehen gehen gesetzmäßig nebeneinander her. Also der Tatsache, daß ich von meinem Körper Bewußtsein habe, daß ich sehe, höre, fühle, rieche, schmecke und denke, entspricht ein nebenhergehendes Geschehen innerhalb der „lautlosen Finsternis der Atomwelt"?

Das ist absurd.

Und schließlich der Materialismus! Wer etwa noch an seiner Unmöglichkeit als Weltanschauung zweifelt, sollte durch die völlige Einsicht in das Wesen der „Materie" belehrt werden. Die Unmöglichkeit wird uns völlig klar, wenn wir uns vorzustellen suchen, daß einst, wie es die Annahme erfordert, nur die „lautlose Finsternis der Atomwelt" bestanden habe, und daß nun durch die Bewegung dieser Atomwelt die jetzt vorhandene Welt entstanden sei mit den Organismen, die sehen, hören, fühlen, riechen, schmecken und denken, und den Dingen, die gesehen, gehört usw. werden.

Ich höre den Einwand, daß den skizzierten philosophischen Systemen Annahmen zugeschoben seien, die gar nicht anerkannt würden. Es handele sich nicht um die von mir geschilderte, sondern um die organisierte Materie. Nur diese komme bei der Wechselwirkung oder beim psychophysischen Parallelismus oder beim sogenannten Materialismus in Betracht.

Gut, dann ist aber zu erwidern, daß „organisierte Materie" doch schon etwas sehr Kompliziertes ist. Wenn es sich um die grundsätzliche Welt- und Seelenerklärung handelt, dürfen nicht Bestandteile verwendet werden, die selbst nicht einfach sind. Die organisierte Materie oder die lebendigen Körper können doch nicht als Urbestandteile der Welt eingeführt werden. Was ihnen ihren besonderen Charakter verleiht, ihre chemische Zusammensetzung, ihre Form, ihr Reaktionsvermögen auf Reize usw. sind ja Eigenschaften, die nur in Beziehung zu einem die Eigenschaften wahrnehmenden Subjekt und zu anderen Weltbestandteilen irgend einen Sinn haben. Wenn nun durch Wechselwirkung oder durch psychophysischen Parallelismus oder durch Bewegung der Materie das körperlich-geistige Geschehen philosophisch erklärt werden soll, so darf die beteiligte Materie nicht ihrerseits schon so beschaffen sein, daß *sie* erst durch Beziehungen zum Geistigen ihre Existenz hat, also selbst erst durch psychophysischen Parallelismus oder Wechselwirkung oder durch eine gewisse Bewegung erklärt werden müßte.

Nachdem wir uns überzeugt haben, daß die eigenschaftslose Materie zur Welt- und Seelendeutung nicht verwendbar ist, fragen wir, ob wir Grund haben, an ihre Wirklichkeit zu glauben. Nun, durch die Annahme der von Schuppe gebrauchten Bezeichnung: „lautlose Finsternis der Atomwelt" hatten wir schon dargetan, daß diese Materie keine Realität für uns hat. Denn, wenn ich von den Dingen alles fortnehme, was nur Sinn und Existenz in Beziehung zum Wahrnehmen und in der Wirkung auf andere Dinge hat, bleibt nichts mehr übrig. Es gibt gar keine an sich seiende Eigenschaften der Dinge. Wir mögen die uns umgebende Welt zerlegen und zergliedern, wie wir wollen, wir finden nichts, was keine Beziehung zum Bewußtsein oder zu anderen Dingen hat. Wenn wir einen Körper in kleinste Bestandteile zerstampfen und hierdurch alle bis dahin vorhandenen Beziehungen dieses Körpers zum Bewußtsein oder zu anderen Körpern aufheben, so haben wir nunmehr die mannigfaltigen Beziehungen der kleinsten Teile, haben deren Gestalt, Größe, Farbe usw. Wir haben nur andere Beziehungskomplexe hervorgebracht, nicht aber das hinter dem sicht-, tast- usw. baren Körper „an sich" Vorhandene gefunden. Denn dieses müßte ja ohne alle Beziehungen sein, um als der gesuchte Urstoff gelten zu können. Wir können den Haufen der kleinsten Bestandteile Materie nennen, dürfen aber nicht glauben, in ihm die Materie des Philosophen vor uns zu haben. Diese ist überhaupt nicht auffindbar. Sie ist lediglich eine Abstraktion.

* * *

Zu dem gleichen Ergebnis kommen wir hinsichtlich der sogenannten psychischen Reihe. Mit den Anhängern des erkenntnistheoretischen Idealismus stimmen wir insofern überein, als wir uns überzeugt haben, daß alle Dinge der Welt und alles, was von ihnen ausgesagt werden kann, unsere Empfindungen sind. Wir ziehen aber aus dieser Überzeugung nur den Schluß, daß es eine hinter allen Dingen steckende Materie (die ihrerseits von allen Beziehungen zu Empfindungen frei sein müßte und deshalb nicht auffindbar ist) nicht gibt, und haben erkannt, daß der erkenntnistheoretische Idealismus mit seiner Folgerung, nur die psychische Reihe sei gegeben, Unrecht hat (S. 14). Es sei daran erinnert, daß wir deshalb die Folgerung des erkenntnistheoretischen

Idealismus abgelehnt hatten, weil der Begriff des Psychischen nur im Hinblick auf das diesem gegenüberstehende Materielle gebildet werden kann (S. 14). Nachdem wir uns nun überzeugt haben, daß es eine rein materielle Reihe, die ihrerseits nur denkmöglich ist im Gegensatz zu einer psychischen, in Wirklichkeit nicht gibt und nicht geben kann, ist der Schluß unabweislich, daß auch die psychische Reihe für sich allein eine Unmöglichkeit ist, daß ihr also lediglich der Wert einer Abstraktion zukommt. Denn rein Psychisches ist nur denkbar im Hinblick auf rein Materielles. Da aber reine Materie nicht existiert, ist auch die Existenz einer rein psychischen Reihe völlig ausgeschlossen.

* * *

Und schließlich ist auch der dritte Faktor des Weltbildes, die Bewegung oder Kraft oder Energie, nur eine Abstraktion.

Wenn ich meine Taschenuhr aufziehe, so verwandelt sich eine gewisse Summe von Arbeit oder Muskelenergie in Bewegungsenergie. Wessen? Der Feder. Die Feder selbst ist nach Ostwald Energie, nämlich eine Kombination von Masse, Gewicht, Formenergie usw. Wir hätten also Energie der Energie vor uns.

Ein anderes Beispiel: Bei der Verbrennung eines Körpers entsteht Wärme. Mit anderen Worten: Die chemische Energie des Körpers und des mit ihm sich verbindenden Sauerstoffs verwandelt sich in Wärmeenergie. Gleichzeitig aber entsteht bei jener Verbrennung (also bei der Verbindung des Sauerstoffs mit dem Körper) ein neuer Körper. Nach Ostwald hätten wir also zwei nebeneinander laufende Energiereihen, einmal die chemische Energie und die aus ihr entstehende Wärmeenergie, sodann den Körper nebst Sauerstoff und den aus der Verbindung beider hervorgehenden neuen Körper.

Die Beispiele ließen sich beliebig vermehren. Wenn Ostwald glaubt, des Trägers der Energien entraten zu können, können wir ihm nicht folgen. Die Energien können nicht im Leeren schweben oder etwa nur von Energien getragen sein. Im letzteren Fall würde der Begriff Energie jeden Inhalt und Sinn verlieren. Denn ein Begriff kann nur dann Inhalt haben, wenn dem von dem Begriff Ausgedrückten etwas anderes gegenübersteht. Energie ohne etwas anderes noch in der Welt Vorhandenes wäre, wie schon hervorgehoben wurde, ein ganz wesenloses Wort. Energie der Energie ist nicht denkmöglich. Wir können also nicht mit Ostwald in der Energie die „allgemeinste Substanz" sehen, die das Wirkliche und Bleibende hinter allen Erscheinungen ist. Erfahrung und Vernunft zeigen uns eine solche Substanz nirgends. Energie ist uns in Wahrheit nur ein kurzer Ausdruck zur Bezeichnung von Beziehungen. Wenn in der Technik Energien gemessen werden, so werden sie doch immer nur durch Beziehungen gemessen. Nirgends erscheinen sie als an sich vorhandene Größen. Sie sind vielmehr, wie Helm treffend bemerkt, nur der „zurzeit schlagendste Ausdruck quantitativer Beziehungen zwischen den Naturerscheinungen."

* * *

Sowohl die Energie (oder Bewegung) als auch die Materie, als auch das Bewußtsein (Geist, Seele) sind keine für sich bestehenden Substanzen.

Die bewegten Dinge der Welt und das Bewußtsein bestehen nur in unauflöslicher Beziehung zueinander.

Man muß diesen Satz richtig verstehen. Wenn etwa durch irgendeine Naturgewalt alle Lebewesen der Erde vernichtet würden, so daß also kein bewußter Organismus mehr da wäre, so würden die Berge, Täler, Flüsse usw. nicht etwa in Nacht versinken. Sie beständen weiter. Versuchen wir aber, sie uns fortbestehend zu denken, so können wir sie durchaus nur so denken, wie sie von uns wahrgenommen werden. In die „lautlose Finsternis der Atomwelt" werden sie nicht verwandelt. Ihre Beziehung zum Bewußtsein bleibt bestehen.

Das ganze Sein besteht aus Bewußtsein und seinem Inhalt. Beide Faktoren, das Bewußtsein und sein Inhalt, sind ohne einander nichts. In der unauflöslichen Beziehung zueinander haben sie ihre Existenz.

Freilich werden wir das Bewußtsein, wie Du Bois-Reymond in seiner berühmten Rede „Über die Grenzen des Naturerkennens" hervorgehoben hat, niemals so begreifen können, wie die Dinge der Natur. Denn „die astronomische Kenntnis des Gehirns, die höchste, die wir erlangen können, enthüllt uns darin nichts als bewegte Materie." Es kann ja auch gar nicht anders sein. Soweit unsere Erkenntnis auch einst reichen mag, erkennen werden wir immer nur Bewußtseins*inhalt*. Das abstrakte Moment Bewußtsein selbst erkennen zu wollen, hieße Unmögliches erstreben. Alles Erkannte könnte ja nur und müßte Bewußtseinsinhalt sein, niemals „das Bewußtsein“ selbst. Die Frage, warum Bewußtsein besteht und woher es entstanden ist, fällt zusammen mit der Frage, warum und woher überhaupt etwas ist. Denn wir haben als Urtatsache hinzunehmen, daß das Sein aus Bewußtsein mit Inhalt besteht, und dieser Inhalt ist die leuchtende, tastbare, tönende usw. Welt.

Mit dieser Erkenntnis haben wir Du Bois-Reymonds „Ignorabimus“ bis zu einem gewissen Grade überwunden.

IV. Kapitel.

Gehirn und Seele.

Das vorige Kapitel schloß mit dem Ergebnis, daß alles Sein und Geschehen unaufhebbare Beziehungen zum Bewußtsein hat. Treffend sagt Schuppe: „Und der ganze Stoff ist ja Sicht- und Tastbares; und dieses ist nicht ein geheimnisvolles, metaphysisches Etwas, ein seinem Begriff nach unerkennbares, welches erst seine Sicht- und Tastbarkeit durch glückliche Umstände oder durch eine Tätigkeit der Seele erhielte, sondern weiter nichts als solcher Bewußtseinsinhalt, Licht, Schall und dergl., hat also schon im Begriff seiner Existenz die Relation auf Bewußtsein.“

Das Problem der Entstehung bewußter Organismen erscheint uns jetzt gemildert. Wenn Bewußtsein zum Begriff des Vorhandenen gehört, so kommt es offenbar nur auf die Art der Beziehungen zwischen den Teilen des Vorhandenen an, um schließlich bewußte Wesen entstehen zu lassen.

Nachdem wir soweit gekommen sind, können wir uns wieder der in der Einleitung besprochenen Abhängigkeit des geistigen Geschehens von den Sinnesorganen und dem Gehirn zuwenden. Wir würdigen diese Abhängigkeit jetzt in ganz anderer Weise, als vor Beginn unserer Untersuchung. Das Gehirn ist für uns nicht die „Materie“, welche die Seelentätigkeit erzeugt. Die Anstößigkeit, die für viele in der behaupteten Abhängigkeit des Geisteslebens vom Gehirn liegt, beruht nur auf der unseligen Spaltung von allem Seienden in die angeblich grundverschiedenen Substanzen Geist und Materie. Hat man diese Spaltung vorgenommen, so muß einem allerdings der Gedanke, daß die Materie Gehirn das feinste und hochwertigste seelische Geschehen hervorbringe, unsinnig und peinlich sein. Wir begreifen die Entrüstung, die manche diesem Gedanken entgegenbringen. Aber die Voraussetzung zu der Entrüstung ist falsch. Die Spaltung besteht gar nicht. Da alles Vorhandene Beziehung zum Bewußtsein, zum Seelischen, hat, da ferner alle Bewußtseinsinhalte (oder Dinge) fortwährend aufeinander wirken, und die Existenz bewußter Wesen nur auf der ganz besonderen Art solcher unendlich mannigfaltiger Beziehungskomplexe zwischen den Teilen des Vorhandenen beruht, so erkennen wir dem Gehirn nicht die Fähigkeit zu, Seelentätigkeit zu erzeugen, sondern wir erblicken seine Bedeutung darin, daß es für den Bewußtseinsausschnitt oder, was dasselbe heißt, für den Weltausschnitt seines Trägers eine unentbehrliche Zentralstation zur Ordnung der Teile des Weltausschnitts ist. In den Beziehungen zwischen dem Gehirn (und Sinnesorganen) und den Weltbestandteilen ist das geistige Prinzip schon vorhanden. Wir sehen, hören, tasten usw. mit Hilfe des Gehirns. Aber die gesehenen, gehörten, getasteten usw. Dinge bestehen ja in nichts anderem als in ihrer Sicht-, Hör-, Tast- usw. -barkeit. Die physikalischen Erklärungen für das Zustandekommen der Licht-, Schall- usw. -empfindungen bleiben dabei zu Recht bestehen. Denn selbstverständlich gehören gewisse Vorgänge dazu, gewisse Einwirkungen von Dingen auf Augen, Ohren, die fortleitenden Nervenfasern usw. Man meine aber nicht, daß Licht, Schall usw. in Wirklichkeit etwas ganz anderes seien und erst durch eine geheimnisvolle Tätigkeit des Gehirns oder der „Seele" zu Licht, Schall usw. gemacht würden. Es ist unsinnig, von einer „Umsetzung" der angeblichen Ätherwellen in die Lichtempfindung zu sprechen, die im Gehirn zustandekomme. Solche Fähigkeit hat weder das Gehirn noch eine in ihm wohnende „Seele". Die Ätherwellen mögen ein vortreffliches Mittel sein, um die mannigfaltigen Lichterscheinungen verständlich zu machen. Irrtümlich aber ist es, in ihnen das dem Licht eigentlich zugrunde liegende Wirkliche zu sehen. Wenn wir uns unter den Ätherwellen etwas vorstellen wollen, können wir sie uns doch nur als sichtbare Erscheinungen denken, also als etwas, was seinerseits nur wieder Sinn hat in Beziehung zum Sehvermögen. Sonst bliebe als das zugrunde liegende Wirkliche nur die „lautlose Finsternis der Atomwelt", von deren Unwirklichkeit wir uns genügend überzeugt haben.

Es wäre nützlich, wenn die Physiologen in ihren Schriften es vermieden, von der Umsetzung oder Umformung der dem Sehen, Hören, Tasten usw. zugrunde liegend gedachten Bewegungen (der Ätherwellen, Schallwellen usw.) in Licht, Schall, Gefühl usw. zu sprechen.

Solche Ausdrucksweise entspringt entweder der materialistischen Anschauung, daß die „bewegte Materie“ die geistigen Tätigkeiten: Sehen, Hören, Fühlen usw. erzeuge, oder der Theorie von der Wechselwirkung zwischen Materie und Geist.

Wenn z. B. Collin in seiner interessanten Arbeit: „Zur Kenntnis und Diagnose der angeborenen Farbensinnstörungen“ (Berlin 1906, A. Hirschwald) vom Wesen der Farbe sagt:

„Das Wesen der Farbe ist hiernach, rein physikalisch betrachtet, lediglich nur Bewegung, und eine Bewegung kann wohl eine langsame oder schnelle sein, sie kann rhythmisch oder unregelmäßig erfolgen, aber sie kann an und für sich niemals farbig sein; erst in unserem Auge bzw. in unserem Gehirn wird diese Bewegung zu der Empfindung umgeformt, welche wir rot, grün usw. nennen. Die Farben sind mithin nichts außerhalb unseres Körpers objektiv Existierendes, sondern stets nur eine Funktion unseres Auges, Reaktionszustände unserer eigenen Organisation gegen gewisse außerhalb unseres Körpers wirklich vorhandene Bewegungen des Äthers“;

so können wir ihm nach dem Ergebnis unserer bisherigen Untersuchung nur zum Teil zustimmen. Nämlich nur insofern, als die Farben nicht an und für sich bestehen, sondern nur in Beziehung zum Bewußtsein, und als im konkreten Fall von Farben nur gesprochen werden kann im Hinblick auf die Beziehungen zwischen Objekt und sehendem Organismus. Unrecht aber hat Collin damit, daß er anscheinend ein derartiges Verhältnis nur für die Farben annimmt. Wir wissen, daß es sich bei allem anderen, was wir von den Dingen aussagen können, um das gleiche Verhältnis handelt. Die ganze Erfahrungswelt besteht nur in der Relation zum Bewußtsein. Daß hierbei gewisse physikalische Vorgänge zwischen den Dingen der Erfahrungswelt und den sehenden, hörenden usw. Organismen stattfinden, ändert nichts an dem Verhältnis. Das ganze Sein beruht auf den Einwirkungen der Teile aufeinander (s. Ostwald), und das Zustandekommen bewußter, sehender, hörender usw. Wesen beruht auf besonders feinen, mannigfaltigen und komplizierten Beziehungen zwischen Teilen der Welt. Wie wir uns aber überzeugt haben, bleibt die Relation des ganzen Alls auf Bewußtsein auch bestehen, wenn wir uns alle bewußten Organismen fortdenken. Der Umfang und die Art der Beziehungen zwischen den Objekten der Welt und den Organismen bedingt zwar für diese den Umfang und die Art des ihnen eigenen Welt- bzw. Bewußtseinsausschnitts. Aber dieser Bewußtseinsausschnitt wird nicht erst durch Umformung von an und für sich ganz anderem Wirklichen hervorgerufen.

Er ist, wenn auch für den einzelnen Organismus durch Art und Umfang der Beziehungen bestimmt, so doch ohne weiteres durch diese Beziehungen gegeben. Es ist ebenso ein Unding, von dem so gegebenen Weltausschnitt nach materialistischem Rezept die „bewegte Materie“ oder nach Ostwald die Energie als „Substanz“ abzuspalten und sie für den Grund aller Dinge zu erklären, wie es verkehrt ist, aus dem Weltausschnitt das sogenannte Psychische herauszugreifen und ihm die Rolle des allein unmittelbar Gegebenen zuzuerkennen.

Wir kennen jetzt die Bedeutung des Gehirns. Es gehört zu den Faktoren, die für die mit ihm ausgestatteten Organismen die Art und den Umfang jener Beziehungskomplexe bedingen, durch die der ihnen zukommende Welt- bzw. Bewußtseinsausschnitt gegeben ist. Damit ist die außerordentliche Bedeutung des Gehirns für die geistigen Leistungen seines Trägers anerkannt, ohne daß man ihm die anstößige Rolle eines Produzenten seelischer Tätigkeit zuzuschieben braucht. Daß es nicht nur beim Sehen, Hören, Tasten usw. sondern auch beim Denken beteiligt ist, ändert an unserem Untersuchungsergebnis nichts. Denn das Denken ist nur die Fortsetzung der beim Sehen, Hören, Tasten usw. sich abspielenden Vorgänge in den Zellen und Fasern des Gehirns.

Das Gehirn *erzeugt nicht* das Geistesleben, aber es ist von ausschlaggebender Bedeutung dafür, da es von seiner und der zu ihm gehörenden Sinnesorgane Anlage und Ausbildung abhängt, wieviel und wie beschaffener Bewußtseinsinhalt, der seinerseits ein Abschnitt der sicht-, hör-, tast- usw. baren Welt ist, dem einzelnen Individuum zukommt. Wir können nunmehr die Seele bezeichnen als einen *Beziehungskomplex von Weltbestandteilen, dessen Ordnung sich im Gehirn vollzieht, und der nach Art und Umfang von diesem abhängig ist.*

Den von Reinke irrig als Wechselwirkung gedeuteten Vorgang (S. 8) können wir jetzt befriedigend erklären. Wir wissen, das unser „Ich“ oder unsere „Seele“ nichts Konkretes, sondern nur eine Abstraktion aus dem Bewußtseinsinhalt ist, der von einem Abschnitt der sicht-, tast-, hör- usw. baren Welt gebildet wird und durch die Beziehungen zwischen dem Gehirn und jenem Weltabschnitt gegeben ist. Es kann also keine Einwirkung auf ein reines Ich oder eine Seele geben, sondern immer nur auf den lebenden Organismus, dessen Lebendigkeit eben darin besteht, daß zwischen ihm und der Welt ein Komplex mannigfaltigster Beziehungen vorhanden ist. Es handelt sich also bei dem von Reinke beschriebenen Vorgang nicht um eine Wirkung „des materiellen Systems der Luftwellen durch den Zwischenmechanismus der Nerven auf die Seele", sondern um die Beziehungen zwischen einem Abschnitt der hör-, sicht- usw. baren Welt und dem Organismus, insbesondere dem Gehirn der Zuhörer. In diesen Beziehungen besteht der jeweilige Bewußtseinsinhalt oder, wenn man so will, die jeweilige Seele der Zuhörer.

* * *

Bedeutet unser Untersuchungsergebnis immerhin einen Verzicht, nämlich auf das imaginäre Glück der ewigen Einzelexistenz, so bringt es uns auch mannigfaltigen Gewinn. Vor allem den, daß wir uns der Erforschung der Natur widmen können, ohne uns von den Einwendungen derer stören zu lassen, die in den Objekten der Naturwissenschaft die geringwertige „Materie" sehen. Denn für uns sind diese Objekte nicht etwas, neben dem es noch ein anderes gibt. Für uns sind auch alle geistigen Werte von der Natur untrennbar. Wir finden deshalb auch den Gedanken, daß die lebendige Welt aus Anorganischem entstanden sei, nicht befremdend. Denn wir wissen ja, daß alles Vorhandene seine Existenz in Beziehung zum Bewußtsein hat. Es handelt sich demnach gar nicht um das Problem, wie Bewußtsein aus anorganischem Stoff entstanden sei; denn dieses ist nicht erst entstanden. Es kann, da es nichts Konkretes ist, gar nicht entstanden sein. Vielmehr haftet allem Vorhandenen von vornherein alles das an, woraus wir die Abstraktion Bewußtsein gebildet haben. Das Problem lautet also nur, wie bewußte Organismen entstanden sind, oder mit anderen Worten Gebilde, die gleichsam Zentralstationen für einen Komplex unendlich mannigfaltiger Beziehungen zwischen Weltbestandteilen genannt werden können. Daß wir uns demnach damit begnügen können, die Entstehung lebendiger und bewußter Organismen auf das Zustandekommen ganz besonders komplizierter Beziehungen zurückzuführen, leuchtet ein. Wir können sagen, daß die organischen Gebilde sich letzten Endes von den anorganischen nur durch die Mannigfaltigkeit der Beziehungskomplexe unterscheiden, aus denen sie bestehen, und daß die sogenannte Geistestätigkeit eines Organismus um so höher wird, je mannigfaltiger seine Beziehungen zur Umwelt sind, oder mit anderen Worten: daß das höhere Geistesleben nichts anderes ist, als die Steigerung dieser Beziehungen nach Umfang und Mannigfaltigkeit.

Wenn wir die Lebewelt in ihren einfachsten Formen betrachten, wie sie etwa von den Amoeben dargeboten werden, so finden wir den Unterschied zwischen ihr und der anorganischen gar nicht so groß. Immerhin aber ist er deutlich. Die Amoebe verhält sich anders als das Steinchen, das sich mit ihr im gleichen Tümpel befindet. Der Unterschied besteht unverkennbar darin, daß bei der Amoebe zahlreichere Beziehungen zwischen Stoffteilen zum Ausdruck kommen als bei dem Gebilde, das wir Stein nennen. Die Amoebe bewegt sich selsttätig, umfaßt Nahrungsbröckchen und nimmt sie auf. Es ist möglich, daß ihr schon ein dumpfes, der Tastsphäre angehörendes Bewußtsein zu eigen ist. Wenn Tastbarkeit mit zum Wesen alles Vorhandenen gehört, so kann eben bei besonderer Gestaltung der Beziehungen zwischen Teilen des Vorhandenen etwas entstehen, was seinerseits tastet. Bei noch komplizierterer Gestaltung der Beziehungen mag ein Sehorgan hinzukommen als Ausdruck der Tatsache, daß Sichtbarkeit mit zum Wesen der Dinge gehört usw. So dürfen wir uns denn vorstellen, daß das menschliche Geistesleben den höchsten Grad der Entwicklung, die aufs äußerste gesteigerte Mannigfaltigkeit von Beziehungen zwischen Weltbestandteilen bedeutet. Die durch zahlreiche, hier nicht zu erörternde Beweise gestützte Deszendenztheorie, nach der der Mensch in allmählicher Entwicklung im Lauf von Jahrbillionen aus den Urformen des Lebens entstanden ist, verträgt sich durchaus mit unserer Weltanschauung. Wir verkleinern damit den Menschen nicht, erheben ihn vielmehr auf die höchste Stufe, indem wir in ihm die höchste und reichste Entfaltung der Weltbeziehungen zum Ausdruck kommen sehen. Es ist in unserem Munde auch keine Verkleinerung, wenn wir mit V e r w o r n von der Mechanik des Geisteslebens sprechen. Denn Mechanik bedeutet in diesem Zusammenhang nicht, daß Bewegung der „Materie" das Geistesleben e r z e u g e. Mechanik bedeutet hier vielmehr nur, daß zwischen Weltbestandteilen, denen die Beziehung zum Bewußtsein „a priori" anhaftet, feinste und mannigfaltigste Beziehungen walten, und daß beim Vorhandensein solcher Beziehungen bewußte Organismen zustande kommen. Damit B e e t h o v e n seine neunte Symphonie schaffen konnte, war eine ganz bestimmte Gestaltung seiner Ganglienzellen und Nervenfasern notwendig. Aber trotzdem hat sein Gehirn die Symphonie nicht eigentlich erzeugt. Die Mechanik seines Gehirns war lediglich eine Vorbedingung dafür, daß die gleichsam potentiell schon vorhandenen Harmonien des Wunderwerks sich aus der Welt lösen und in seinem Gehirn sich zusammenfügen konnten. Beethovens Gehirn verhielt sich bei der Niederschrift in gewissem Sinne so zu der Symphonie wie etwa ein Orchester zu einem Musikwerk. Das Orchester erzeugt nicht das Tonstück. Aber damit es erklinge, ist die Mechanik des Orchesters erforderlich.

V. Kapitel.

Das Problem der Willensfreiheit.

Nachdem wir erkannt haben, daß es keine geistige Substanz gibt, könnten wir folgern, daß auch kein wesenhafter Wille, der unsere Muskeln zu Handlungen in Bewegung setzt, vorhanden ist, und daß es somit ein müßiges Beginnen sei, über die Freiheit oder Unfreiheit dieses gar nicht bestehenden Dinges Betrachtungen anzustellen.

Allein so leicht wollen wir uns die Sache nicht machen. Denn man könnte zunächst einwenden, daß wir ja z. B. in der Psychologie auch von Vorstellungen und ihren Beziehungen zu Handlungen sprechen, obwohl auch die Vorstellungen nichts Wesenhaftes seien.

Auf den Streit der Psychologen, ob man überhaupt berechtigt ist, ein Willensvermögen (wenn auch als abstrakten Begriff) anzunehmen oder nicht, will ich hier nicht eingehen, da die Entscheidung dieser Streitfrage für die Lösung unseres Problems nicht von ausschlaggebender Bedeutung ist. Denn wenn man auch mit Ziehen den Willen lediglich bezeichnet als eine „seelische Situation, welche ausschließlich durch ganz bestimmte Vorstellungen und Gefühlstöne gekennzeichnet ist", so bleibt uns doch die Frage, ob der Mensch sich für das Begehen oder Unterlassen einer Handlung frei entscheiden kann.

Um sie zu beantworten, ist vor allem zu erklären, was denn „der Mensch" ist, um dessen Entscheidungsfähigkeit es sich handelt. Ist es der ganze menschliche Organismus, so kann es füglich nur der lebendige bewußte sein. Und wenn man nicht schon von vornherein die Entscheidungsfähigkeit von der Hirnstruktur abhängig sein lassen will, so kann man nicht umhin, aus dem Organismus das Ich als seelischen Faktor zunächst einmal herauszugreifen und nun zu erwägen, wie es mit der Entscheidungsfähigkeit des Ich sich verhalten mag. Tun wir dies, so müssen wir uns aber erinnern, daß das Ich nichts ist als eine Abstraktion aus dem von einem Abschnitt der sicht-, tast-, hör- usw. baren Welt gebildeten Bewußtseinsinhalt oder auch, wie Schuppe sagt, „der formale Einheits- oder Coincidenzpunkt in Beziehung auf seine vielen verschiedenen Bewußtseinsinhalte." (S. 9). Das Ich ist ohne seinen Bewußtseinsinhalt überhaupt nichts, es besteht nur durch seinen Bewußtseinsinhalt, der seinerseits nichts ist, als ein Ausschnitt aus den mannigfaltigen Beziehungskomplexen von Weltbestandteilen. „Das Ich kommt nicht, als wenn es vorher auch ohne sie (die Welt) bzw. ihn (diesen Ausschnitt) existiert hätte und existieren könnte, zu ihr hinzu, um von ihr Kenntnis zu nehmen und sie zu seinem Bewußtseinsinhalt zu machen, vielmehr besteht es aus diesem Bewußtseinsinhalt, der sich allerdings in der Zeit erst allmählich einfindet, aber doch naturgesetzlich in Abhängigkeit von seiner räumlich zeitlichen Bestimmtheit einfinden muß." (Schuppe).

Man beachte wohl: der bewußte Mensch hat ein Ichbewußtsein nur insofern und ist überhaupt bewußt nur insofern, als ein Komplex von Beziehungen zwischen Bestandteilen der Welt in seinem Gehirn sich zusammenfügt. (Bei dem im traumlosen Schlaf Liegenden ist dieser Beziehungskomplex so vermindert, daß kein Bewußtseinsinhalt mehr empfunden wird.) Also ist er auch nur in dem dargelegten Verhältnis ein wollender Mensch. Streng genommen empfindet, denkt, will usw. nicht er, sondern es denkt, will usw. in ihm. Denn er (wenn man nicht den bloßen Körper meint) besteht nur durch den viel erwähnten Bewußtseins- oder Weltausschnitt, steht ihm nicht etwa gegenüber.

Wir sind jetzt der Lösung unseres Problems näher gerückt.

Wenn eine bewußte Persönlichkeit nur dadurch besteht, daß in dem zu einem Organismus gehörenden Gehirn die von einem Abschnitt der sicht-, fühl- usw. baren Welt ausgehenden Reize mit einander verknüpft werden, so haben wir es bei der Beantwortung der uns beschäftigenden Frage immer nur nur mit einem solchen Weltabschnitt zu tun. Wir haben also eigentlich nicht zu fragen, wie es mit dem Wollen und Handeln der Persönlichkeit steht, sondern wie sich in jenem Weltabschnitt das vollzieht, was wir Wollen und Handeln nennen. Und es leuchtet ein, daß es sich so vollziehen muß, wie es durch die jeweils gegebenen Umstände bedingt wird. Das Denken, Wollen und Handeln wird also einmal durch die einzelnen Bestandteile des Weltabschnitts und ihre Konstellation bestimmt sein, sodann durch die Beschaffenheit des Gehirns, von der es mit abhängt, in welchem Umfang und in welcher Weise die Bestandteile des Weltabschnitts mit einander in Verbindung treten. Mit anderen Worten: das Denken, Wollen und Handeln des Menschen ist bestimmt durch Umwelt und Anlage.

Hat man das Verhältnis erst einmal völlig begriffen, so kann man nicht umhin, die Frage nach der Freiheit des Willens als falsch gestellt oder besser noch als gar nicht stellbar zu bezeichnen. Wie ein Mensch zu einer bestimmten Zeit gedacht, gewollt und gehandelt hat, bedeutet ja nichts anderes, als wie ein Weltabschnitt zu dieser Zeit sich gestaltet hat. Die Frage, ob der Mensch auch anders hätte „wollen" können, fällt zusammen mit der Frage, ob jener Weltabschnitt sich auch anders hätte gestalten können. Letztere ist absurd. Man könnte ebensogut fragen, ob der Rhein auch in umgekehrter Richtung fließen könnte. Ebenso wie man darauf antworten würde, daß er es könne, wenn das von ihm durchflossene Gelände das umgekehrte Gefälle hätte, daß die Frage aber im übrigen dumm wäre, würde man auf die Frage nach der Möglichkeit einer anderen Gestaltung jenes Weltabschnitts nur erwidern können, daß bei einer anderen Konstellation der einzelnen Faktoren natürlich auch eine andere Gestaltung stattgefunden hätte, daß es sich aber im übrigen um eine müßige Frage handele.

Das Gefühl der Freiheit, das wir unseren Handlungen gegenüber haben, bedeutet nichts anderes, als daß zu unserem Bewußtseinsinhalt auch die Vorstellungen anderer Geschehensmöglichkeit gehören. Trotzdem **muß** sich unser Denken, Wollen und Handeln in jedem Augenblick so vollziehen, wie es durch die beteiligten Weltbestandteile, also die Umwelt, und durch das Geschehen in unserem Gehirn (welches Geschehen aber nichts Starres, sondern seinerseits wieder auch von früheren Einwirkungen auf das Gehirn beeinflußt ist) bestimmt ist. So wie der Weltabschnitt, durch den, wie wir gesehen haben, mein Ich gegeben ist, und ohne den es überhaupt nicht ist, geordnet und gestaltet ist, und so wie in diesem Weltabschnitt durch die vorhandene Konstellation der einzelnen Faktoren mit Notwendigkeit „gewollt" wird, so will eben ich.

* * *

Vielleicht ist es nützlich, wenn wir uns an dieser Stelle unserer Untersuchung nochmals in möglichster Kürze die Rolle des Gehirns bei den sogenannten geistigen Vorgängen vor Augen führen. Denn der

Standpunkt, den man hierzu einnimmt, ist von wesentlichster Bedeutung für die Stellungnahme zu dem Problem der Willensfreiheit. Wir wollen uns also erinnern, daß wir zu dem Ergebnis gekommen waren, im Gehirn einen ordnenden Faktor zu sehen, eine Zentralstation, in der die mannigfaltigsten Beziehungen zwischen Weltbestandteilen verknüpft werden. Art und Umfang dieser Beziehungen werden zwar von der Beschaffenheit des Gehirns beeinflußt. Die Relation zum Geistigen haben sie aber an und für sich. Wenn man zu sagen pflegt, daß dem geistigen Geschehen ein gewisses Geschehen im Gehirn „entspricht", so handelt es sich also nach unserem Dafürhalten nicht um die materialistische Anschauung, daß das Gehirn das geistige Geschehen erzeuge. Auch nicht um eine Wechselwirkung, etwa derart, daß die geistigen Vorgänge gewisse Vorgänge im Gehirn hervorrufen oder umgekehrt gewisse Gehirnvorgänge die geistigen Vorgänge. Und schließlich auch nicht um den psychophysischen Parallelismus, der zwei nebeneinander gehende Reihen des Geschehens annimmt. Nach dem Ergebnis unserer Untersuchung kann das „Entsprechen" nur den Sinn haben, der früher ausführlich dargelegt wurde. Es gibt nicht zwei Geschehensreihen, von denen die eine durch die andere erzeugt wird, oder die aufeinander wirken oder nebeneinander gehen. Die zwei Geschehensreihen sind dadurch künstlich konstruiert, daß das Sein in zwei Komponenten zerlegt, und jeder von beiden selbständige Existenzmöglichkeit zugeschrieben wird. Wir wissen aber, daß beide Komponenten unauflöslich miteinander verbunden sind, und daß die eine immer nur im Hinblick auf die andere und in Verbindung mit ihr denkbar ist. Wenn wir also sagen, daß dem geistigen Geschehen gewisse Vorgänge im Gehirn entsprechen, so meinen wir damit nicht, daß man sich diese Gehirnvorgänge als für sich bestehend auch nur denken könne. Diese Gehirnvorgänge sind ja nichts als die Fortsetzung der von den Weltbestandteilen ausgehenden Reize, und die Weltbestandteile tragen die Relation zum Begriff des Geistigen in sich. Das Gehirn des bewußten und denkenden Menschen ist ja nur dadurch zu dem geworden, was es ist, daß im Lauf der Zeit unendlich viele Reize von den die Relation zum Geistigen in sich und in ihren gegenseitigen Beziehungen tragenden Weltbestandteilen in ihm mit einander verknüpft werden. Wie sie miteinander sich verknüpfen konnten, hängt allerdings von der Anlage des Gehirns ab. Aber aus unserer Überlegung geht hervor, daß der Bewußtseinsinhalt auch durch jenen Weltabschnitt bestimmt ist. Mit gewissem Recht kann man sagen:

der Mensch ist nicht nur abhängig von seinem Milieu, sondern er ist sein Milieu.

Wir wenden uns nach dieser Erinnerung an frühere Ausführungen wieder zu dem Problem des vorliegenden Kapitels. Unser Bekenntnis zum Determinismus wird jetzt nicht zu mißdeuten sein.

Die Gegnerschaft gegen die deterministische Weltanschauung beruht zum großen Teil auf völlig irrtümlichen Vorstellungen vom Wesen des geistigen Geschehens und der menschlichen Persönlichkeit. Manche stellen sich unter der behaupteten Bestimmtheit des Wollens ein Verhältnis vor, bei dem der Mensch in seinen Entschließungen von der „Materie Gehirn" wie durch Ketten gehemmt und beeinflußt werde, oder sie schreiben den Deterministen die materialistische Anschauung zu, daß die „Materie Gehirn" das geistige Geschehen und somit auch die Art des Wollens erzeuge. Ihre Entrüstung ist somit verständlich. Aber sie entspringt einer falschen Voraussetzung, jener unseligen Spaltung alles Seienden in Materie und Geist, einer Spaltung, die, wie wir gesehen haben, gar nicht besteht und lediglich auf der Verdinglichung von Abstraktionen beruht. Wenn ich als Determinist sage, daß „ich" infolge der Beschaffenheit meines Gehirns und der in diesem zur Verbindung gelangten Weltbeziehungskomplexe so und so will, so bedeutet das doch nicht, daß „ich" etwas anderes bin als mein Gehirn und von diesem Gehirn an Ketten geführt werde. „Ich" bin vielmehr nichts als der in meinem Gehirn geordnete Ausschnitt aus dem gesamten Sein, bin insofern also auch mein Gehirn, und es ist, wie schon betont wurde (S. 37), eine ganz müßige Frage, ob dieser Ausschnitt sich auch anders hätte gestalten und demnach „wollen" können.

Die Anerkennung des Determinismus in dem dargelegten Sinne braucht niemand zu beunruhigen. Wer als Abkömmling von sittlich Guten und Gesunden und infolge guter Erziehung sittlich denkt und handelt, hat nicht zu befürchten, daß die „Materie Gehirn" als ein für sich bestehender Faktor ihn vom Wege des Guten abbringen könne. Der von ihm dargestellte Weltausschnitt ist ja durch seine Konstellation ein solcher, daß in ihm sittlich gedacht, gewollt und gehandelt werden muß. (Unter anderer Konstellation kann freilich das Verhältnis anders werden. Bei Alkoholvergiftung des Gehirns z. B. kann das Geschehen eines Weltausschnitts in anderer Weise vor sich gehen, so daß eine unsittliche Handlung zustande kommt.) Und der Verbrecher andererseits handelt nicht etwa deshalb gegen die Gebote der Moral, weil er trotz vorhandenen

„guten Willens“ von seiner eigenartigen Gehirnanlage zum Bösen gezwungen wird. Vielmehr ordnet sich in seinem Gehirn infolge der Eigenart seines Milieus und der (durch Anlage und Umwelt bestimmten) Beschaffenheit des Gehirns der Ausschnitt von Weltbeziehungen, die seinen Bewußtseinsinhalt bilden, derartig, daß sich verbrecherische Handlungen ergeben, „gewollt“ werden. Der Verbrecher „will“ so handeln, wie er handelt.

Wie der Mensch „will“, so kann er handeln, wenn er nicht durch äußere Gewalt verhindert wird. Wie er aber will, ist in jedem Augenblick bestimmt durch die Beschaffenheit und Konstellation der Faktoren, die das Sein des Menschen ausmachen, also durch den vielgenannten Beziehungskomplex von Weltbestandteilen einerseits und durch die jeweilige, Art und Umfang dieses Beziehungskomplexes mitbestimmende Gehirnbeschaffenheit andererseits.

VI. Kapitel.

Folgerungen.

Bedeutet nun etwa das Bekenntnis zum Determinismus die Anerkennung eines Fatalismus, der den Dingen ihren Lauf läßt?

Die Antwort ergibt sich aus dem Satz des vorausgegangenen Kapitels, der einen Teil unserer Untersuchungsergebnisse in die Worte faßte: Der Mensch ist nicht nur abhängig von seinem Milieu, sondern er ist sein Milieu. — Und das Milieu wiederum ist ein von uns beeinflußbarer Faktor.

Wir wollen nicht alle Schlußfolgerungen besprechen, die sich aus unserer Anschauung von Seele und Willen für unsere Stellungnahme zu den mannigfaltigsten Problemen ergeben könnten. Nur auf ihre Bedeutung für das Erziehungswesen und für die Gestaltung des Strafrechts sei zum Schluß ein kurzer Ausblick gestattet.

Ich stehe nicht an, zu behaupten, daß man an aller Pädagogik verzweifeln müßte, wenn es wirklich so etwas gäbe wie einen außerhalb des Kausalitätsverhältnisses stehenden wesenhaften Willen, der als spiritus rector unser Tun und Lassen lenkte. Es ist durchaus nicht einzusehen, wie irgend eine Einwirkung auf einen solchen Willen stattfinden könnte. Verständnis für die Möglichkeit erziehlichen Einflusses gewährt nach meiner Ansicht einzig und allein der Determinismus. Freilich nicht ein mißdeuteter Determinismus, dem untergeschoben wird, daß er das Gehirn wie einen unbeeinflußbaren Mechanismus das Handeln des Menschen bestimmen lasse, sondern der von uns anerkannte Determinismus, der das Gehirn nur als ein Organ ansieht, in dem jener Weltausschnitt, der des Menschen Bewußtseinsinhalt ist, sich ordnet. Wenn wir bei Anerkennung dieses Determinismus sagen, daß die stärksten Motive für unser Tun und Lassen entscheidend sind, so bringen wir damit nur eine gewisse Konstellation jenes vielgenannten Bewußtseins- bzw. Weltausschnitts zum Ausdruck. Wir wissen, daß für diese Konstellation die Beschaffenheit des Gehirns von großer Bedeutung ist, übersehen aber nicht die Rolle des Weltausschnitts selbst. Und auf die Gestaltung des letzteren haben wir Einfluß. H i e r i n und in den auf die gedeihliche Entwicklung des jugendlichen Organismus (samt dem Gehirn) gerichteten Maßnahmen besteht die Erziehung. Die Erziehung zum Guten kann also nur in der Weise stattfinden, daß für eine entsprechend gestaltete Konstellation des den Bewußtseinsinhalt bildenden Weltausschnitts Sorge getragen wird. Dem Abkömmling aus sittlich hochstehender Familie ist sie ohne weiteres gegeben, wenn er innerhalb des ihm durch seine Geburt bestimmten Milieus bleibt. Dem Sprossen sittlich tiefstehenden Menschentums muß sie durch Verbringung in ein anderes Milieu bereitet werden, in welchem das sittliche Handeln selbstverständlich ist. Mit der Unterbringung in einer Anstalt, in der „strenge Zucht“ herrscht, ist es nicht allein getan. So nötig auch eine gewisse Strenge sein mag, die Hauptsache des Erziehungswerkes muß darin bestehen, daß der zu Erziehende so weit wie möglich nur das Gute und Sittliche in seiner Umgebung sieht und hört.

Wir dürfen allerdings die Hoffnungen auf das Gelingen erzieherischer Bemühung nicht überspannen. Es gibt Gehirne von solcher Anlage, daß in ihnen die Weltbeziehungen sich nicht anders als zu sittlich minderwertigen Bewußtseinsinhalten mit daraus entspringenden unsittlichen Handlungen ordnen können. Und zwar nicht nur in den Tiefen der Menschheit, sondern auch auf den Höhen. Die nicht seltenen Entarteten aus guten Familien liefern hierfür Belege. Die deterministische Weltanschauung lehrt das Wesen dieser Unglücklichen verstehen und läßt es begreiflich erscheinen, warum alle Erziehungsmühe bei ihnen vergeblich ist.

* * *

Von vielen Juristen wird mit Nachdruck behauptet, daß die Verneinung der Willensfreiheit die Grundlagen des Strafrechts erschüttere.

Ich halte diese Behauptung für eine Folge ungenügender Durchdenkung des Problems. Sie entspringt offenbar der oben schon erwähnten irrtümlichen Anschauung, daß Determinismus gleichbedeutend sei mit der Vorstellung, das Tun und Lassen des Menschen werde von dem Gehirn wie von einem unbeeinflußbaren Mechanismus reguliert. Ich verweise auf die vorausgegangenen Ausführungen über die Art, wie ich mir die Determiniertheit des Wollens denke, und behaupte meinerseits, daß einzig und allein die Leugnung eines freien, d. h. außerhalb des Kausalitätsverhältnisses stehenden Willens dem Strafrecht feste Grundlagen gibt. Oben hob ich schon hervor, daß es unerfindlich sei, wie man auf einen solchen Willen einzuwirken hoffen könnte. Welche Wirkung könnte man z. B. von den Strafandrohungen erwarten, wenn diese nicht für die Mehrzahl der Menschen zu den Faktoren der Umwelt gehörten, aus denen sich mit Notwendigkeit eine ganz bestimmte Reaktion gegenüber gewissen Versuchungen ergibt. Erinnern wir uns doch immer wieder, daß unser Handeln zwar von der Gestaltung und Ordnung des in unserem Gehirn zustande kommenden Ausschnitts der von den Weltbestandteilen ausgehenden Reize abhängt, daß aber dieser Weltabschnitt, wenn auch seine Gestaltung von der Beschaffenheit des Gehirns beeinflußt wird, seine eigene Bedeutung hat und in kausaler Beziehung auch von Bedingungen abhängig ist, die außerhalb des Gehirns liegen! Wir leiten also die Determiniertheit des menschlichen Wollens nicht nur aus der Anlage des Gehirns ab, sondern auch aus der (den Bewußtseinsinhalt bildenden) Umwelt, deren Art im Lauf des menschlichen Lebens wiederum die Beschaffenheit des Gehirns mitbestimmt. Das menschliche Wollen gehört zu dem im Gehirn sich ordnenden Komplex von Beziehungen zwischen Weltbestandteilen; es besteht keinesfalls außerhalb dieses Komplexes, zu dem auch die Strafandrohungen gehören.

Wir dürfen also den juristischen Gegnern des Determinismus die Behauptung entgegenstellen, daß nicht der Determinismus, sondern im Gegenteil der Indeterminismus die Grundlagen des Strafrechts erschüttert. Denn der „freie" Wille würde nur etwas sein können, was ganz außerhalb jenes die menschliche Persönlichkeit umfassenden Komplexes steht. Wenn wir auch davon absehen, daß dieses „etwas" überhaupt unvorstellbar ist, so ist es doch klar, daß es infolge seiner Außenstellung unbeeinflußbar wäre. Was könnten also wohl die Strafen für einen Sinn haben?

Verständnis und Begreifen ermöglicht nur die deterministische Anschauung. Nur sie läßt die Bedeutung der Strafandrohungen als eines wichtigen Faktors der die menschlichen Handlungen bestimmenden Umwelt voll erkennen. Ich lege besonders auch deshalb Wert darauf, den Determinismus mit Nachdruck für eine notwendige und feste Grundlage des Strafrechts zu erklären, weil erst jüngst sogar von psychiatrischer Seite[1]) die verfehlte Behauptung aufgestellt wurde, daß dem Recht zur Strafe jegliche tragfeste Grundlage fehle, wenn die freie Willensbestimmung nicht anerkannt werde. Eine Wirkung läßt sich von der Strafe nur erhoffen, wenn man die Willensvorgänge unter das Kausalitätsgesetz stellt und somit Strafen und Strafandrohungen unter die Ursachen der Willensvorgänge einreihen kann.

Ich halte meine Ansicht von der Bedeutung des Determinismus als einzig fester Grundlage des Strafrechts auch nicht für angreifbar durch den Einwand, daß trotz der bestehenden Strafandrohungen Verbrechen begangen werden, die sich mit Notwendigkeit aus der Organisation der Täter und den äußeren Bedingungen ergeben. Wenn bei einem Teil der Menschen Organisation und Umwelt so beschaffen sind, daß andere Faktoren stärker sind als Strafandrohungen, so beweist das doch nichts gegen die Richtigkeit der Anschauung, daß letztere einen bedeutsamen Faktor der das Tun und Lassen mitbestimmenden Umwelt bilden. Sind sie in Ausnahmefällen nicht ausschlaggebend, so müssen die Täter, obwohl ihre antisoziale Handlung mit Notwendigkeit aus der Konstellation der Faktoren hervorgeht, die Strafe erdulden, damit ihr Schicksal für zahlreiche andere vorbeugend wirke, bei denen Art der Organisation und Umwelt dies zulassen.

Die Mehrzahl der Menschen würde ohne die von den Strafandrohungen dargestellte Hemmung sich den egoistischen Trieben zu sehr überlassen. Selbstverständlich muß die Hemmung auch genügende Wirkungsmöglichkeit haben. Die Strafen müssen daher von der Art sein, daß sie ein sehr zu fürchtendes Übel sind. Als Vergeltung für die begangene antisoziale Handlung können wir von unserem Standpunkt freilich die Strafe nicht ansehen. Darum aber fordern wir aus den dargelegten Gründen die Bestrafung antisozialer Individuen nicht mit geringerem Recht als die Anhänger der Schuld- und Sühnetheorie.

---

[1]) Juliusburger, Zur Frage der Unzurechnungsfähigkeit und ihrer sozialen Bedeutung. Medizinische Klinik 1910 Nr. 14.

Wir gehen sogar in gewisser Hinsicht noch weiter als diese, indem wir für manche Verbrecher eine bei weitem längere Unschädlichmachung hinter festen Mauern fordern, als sie es von ihrem Standpunkt können. Wenn wir einen Menschen vor uns haben, der immer wieder die Rechtssicherheit gefährdet, fragen wir nicht, welche Strafe nach dem Vergeltungsprinzip für seine letzte gerade zur Verhandlung stehende Untat angemessen ist, sondern wir hegen den Wunsch, daß er dauernd der Möglichkeit beraubt werde, seine Mitmenschen zu schädigen. Wenn oben bemerkt wurde, daß man die Hoffnungen auf das Gelingen erzieherischer Bemühung nicht überspannen dürfe, so gilt das selbstverständlich auch von der Hoffnung auf die Wirkung der Strafen. Bei manchen Menschen sind eben Umwelt und Anlage von der Art, daß antisoziales Verhalten mit Notwendigkeit sich ergibt. Jeder Kriminalist wird mir darin auf Grund seiner Erfahrungen beistimmen, auch wenn er nicht gleich uns solche Individuen vom deterministischen Standpunkt zu begreifen sucht. Wir fordern, daß Verbrecher, die sich durch ihre Taten über allen Zweifel als zum unsozialen Leben determiniert erwiesen haben, lebenslänglich verwahrt werden, auch wenn ihre einzelnen Untaten eine solche Strafe nach einem Recht nicht zur Folge haben, das für jedes Verbrechen die entsprechende „Sühne" finden zu können vorgibt. Dem Einwand, daß die Ernährung solcher Individuen auf Kosten der Allgemeinheit nicht angängig sei, begegne ich mit dem Hinweis darauf, daß sie zurzeit auch hauptsächlich auf Kosten ihrer Mitmenschen leben, und daß es überdies durch eine geeignete Organisation des Betriebes in den Strafanstalten wohl gelingen kann, sie zu nützlicher Arbeit zu zwingen, welche die Kosten ihrer Ernährung zum größten Teil deckt.

Daß man die Freiheitsstrafen — ich meine jetzt nicht die lebenslängliche Verwahrung der Unverbesserlichen — so einrichten möge, daß ihnen neben der vorbeugenden Wirkung noch eine erziehende nach Möglichkeit eigen sei, ist ein Wunsch, in dem sich die Deterministen mit den Anhängern anderer Weltanschauungen vereinigen.

Was die Todesstrafe betrifft, so muß, glaube ich, gerade der konsequente Determinismus für ihre Beibehaltung eintreten. Wollten wir sie deshalb ablehnen, weil der von ihr bedrohte Verbrecher nach unserem Standpunkt mit Notwendigkeit infolge seiner Anlage und des auf ihn wirkenden Milieus die Tat begeht, so würden wir ja dadurch die Strafe als eine Vergeltungsmaßregel anerkennen. Denn sonst wäre die Ablehnung unter Berufung auf die Determiniertheit des verbrecherischen Handelns unlogisch. Wir würden die Todesstrafe eben deshalb verwerfen, weil wir eine Vergeltung für determiniertes Geschehen für unrichtig halten. Dann müßten wir aber auch jede Strafe ablehnen. Und davon sind wir weit entfernt. Wir haben uns ja überzeugt, wie begründet und notwendig die Strafen gerade vom deterministischen Standpunkt sind, ohne daß sie für uns den Sinn einer Vergeltung haben. Folglich können wir auch ohne solche Bedenken, die von unserer deterministischen Anschauung ausgehen, die Beibehaltung der Todesstrafe als nützlich bezeichnen. Sie erfüllt den Zweck, die menschliche Gesellschaft vor den brutalsten Schädlingen zu schützen, sicher und mit den geringsten Kosten. Sodann ist doch nicht zu verkennen, daß sie ein Hemmungsmittel von großer Kraft ist.

Die sentimentalen Betrachtungen über die Unzulässigkeit der Todesstrafe, die erst unlängst wieder einen Teil der deutschen Zeitungen erfüllten, beruhen zum Teil auf einer Verwirrung der Begriffe und Gefühle. Unter anderem las ich den Satz — den Namen des Autors vergaß ich —, daß man schon deshalb die Todesstrafe nicht vollziehen dürfe, weil man ihre Wirkung gar nicht kenne. Gemeint war mit der Wirkung das unbekannte Schicksal der Verbrecherseele nach dem gewaltsamen Tode. Über die Wirkung will ich mit dem Autor nicht streiten. Ich finde das zarte Bedenken gegenüber jenen Bestien in Menschengestalt keineswegs angebracht, die rücksichtslos ein Leben vernichten, sei es um schnöden Gewinn, sei es, weil sie das Opfer ihrer brutalen Begierden für immer stumm machen wollen. Warum sollen wir uns ihrer nicht auf eine Weise entledigen, die uns für immer vollkommene Sicherheit vor ihnen gewährt? Es ist doch nicht unbekannt, daß nicht allzu selten noch Strafanstaltsbeamte trotz aller erdenklichen Sicherheitsmaßnahmen von solchen Gesellen ermordet werden, wenn sie ihnen bei verzweifelten Fluchtversuchen entgegentreten. Wiegt denn das armselige Leben des Mörders mehr als das des Opfers, das ihn auf die Anklagebank brachte, und als das der etwaigen zukünftigen Opfer, die ihm vielleicht beim Versuch fallen, die Freiheit wieder zu erlangen? Und ist überhaupt ein ganzes Leben hinter Zuchthausmauern, das doch auch von den Gegnern der Todesstrafe an deren Stelle gefordert wird, etwas Besseres als ein schneller Übergang zum Nichtsein? Aber wie man die letzte Frage auch beantworten möge, die Deterministen haben jedenfalls in ihrer Weltanschauung keinen Grund zur Ablehnung der Todesstrafe. Es ließe sich nichts Verkehrteres ausdenken als das Verlangen, deshalb die Todesstrafe von rücksichtslosen gesellschaftsfeindlichen Schädlingen abzuwenden, weil ihre Organisation, ihr Tun und Lassen, kausal bedingt ist. Alles auf der Welt ist ja kausal bedingt, das Schöne und Gute ebensowohl wie das Häßliche und Vernichtungswürdige. Sollen wir deshalb das Vernichtungswürdige bestehen lassen? Sollen wir den brutalen Raubmörder, um dessen Opfer eine in Not zurückgelassene Familie weint, deshalb schonen, weil seine Brutalität aus einer Reihe von Ursachen mit Notwendigkeit hervorging?

Die Brutalität eines verkommenen Menschen hört deshalb nicht auf, eine Brutalität zu sein, weil sie im Weltgeschehen mit der gleichen Notwendigkeit besteht, wie der Flußlauf seinem Gefälle folgt. Die Gesellschaft hat das Recht, sich vor jenem Menschen zu schützen, und da nur die Vernichtung seines Lebens den absolut vollkommenen Schutz gewährt und überdies noch die möglichst wirksame Hemmung für andere ähnlich Veranlagte bildet, darf sie sein Leben vernichten.

Eine schematische Handhabung der Todesstrafe, wie sie wohl im Gefolge der Vergeltungstheorie stattfinden könnte und tatsächlich stattgefunden hat, wünschen wir Deterministen freilich nicht. Nicht jeder, der einen Mord im juristischen Sinne begeht, ist des Todes würdig. Ein armes Weib z. B., das den rohesten Mißhandlungen seines trunksüchtigen verkommenen Ehemanns täglich ausgesetzt ist, sein und seiner Kinder Leben täglich bedroht weiß und keinen Ausweg aus dem Elend sieht, ist gewiß nicht als ein zu vernichtender Schädling zu betrachten, wenn es eines Tages aus Verzweiflung mit Überlegung und nach vorbedachtem Plan seinen Peiniger vergiftet. Eine Freiheitsstrafe mag hier genügen.

Unter allen Einwendungen gegen die Todesstrafe ist die am beachtenswertesten, daß sie die Korrektur eines etwaigen Justizirrtums verhindere. Derartige Irrtümer zu verhüten, wird die unausgesetzte Sorge der Strafgesetzgebung sein müssen. Die Besprechung der Einzelheiten gehört nicht hierhin. Übertrieben wäre es, wollte man aus Furcht vor Justizirrtümern der menschlichen Gesellschaft ganz die Möglichkeit nehmen, Individuen radikal zu vernichten, die nur durch ihre Gestalt an Menschen erinnern, im übrigen aber alles dessen bar sind, was Menschentum im hohen Wortsinn heißt.

* * *

Von derselben psychiatrischen Stelle, von der behauptet worden war, daß dem Recht zur Strafe bei Nichtanerkennung der freien Willensbestimmung eigentlich jede tragfeste Grundlage fehle (S. 43), wurde es jüngst als verfehlt bezeichnet, daß zur Feststellung der Folgen einer antisozialen Handlung die Frage gestellt werde, ob der Täter geistig gesund sei oder nicht. Diese Frage sei falsch gestellt. Die antisoziale Handlung sei stets biologisch-anthropologisch zu prüfen.

Da wir vom deterministischen Standpunkt jede menschliche Handlung, also auch jede antisoziale, als das notwendige Ergebnis der äußeren Umstände und der Veranlagung betrachten, müssen wir der Forderung zustimmen, daß die antisozialen Handlungen biologisch-anthropologisch zu bewerten seien. Ich füge aber hinzu, daß durch die Erfüllung dieser Forderung die grundsätzliche Aufrechterhaltung der Strafe nicht berührt werden darf. Mit J u l i u s b u r g e r bin ich, wie ich in der vorliegenden Studie gezeigt habe, der Meinung, daß das, was wir Körper, was wir Seele nennen, „ein unlöslicher Zusammenhang gegenseitiger Wirkungen" ist. Und gleich J u l i u s b u r g e r stimme ich völlig dem Satz H a e c k e l s zu: „Wir wissen jetzt, daß jeder Willensakt ebenso durch die Organisation des wollenden Individuums bestimmt und ebenso von den jeweiligen Bedingungen der umgebenden Außenwelt abhängig ist, wie jede andere Seelentätigkeit. Der Charakter des Strebens ist von vornherein durch die Vererbung von Eltern und Voreltern bedingt. Der Entschluß zum jedesmaligen Handeln wird durch die Anwendung an die jedesmaligen Umstände gegeben, wobei das stärkste Motiv den Ausschlag gibt, entsprechend den Gesetzen, welche die Statik der Gemütsbewegungen bestimmen." Aber gerade deshalb, weil wir Deterministen diesen Sätzen zustimmen, müssen wir für die grundsätzliche Aufrechterhaltung der Strafen, d. h. d e r A u f e r l e g u n g z u f ü r c h t e n d e r Ü b e l, eintreten. Denn die Strafandrohungen bilden ja einen bedeutungsvollen Teil der „jeweiligen Bedingungen der umgebenden Außenwelt". Ohne sie würde Anarchie herrschen.

Gewiß soll die unsoziale Handlung biologisch-anthropologisch geprüft und bewertet werden. Der zukünftige Strafrichter soll nicht nur Jurist sein, der nach der Formel Recht spricht, sondern ein Mann von gründlicher psychologischer und biologischer Bildung, der bei der Beurteilung der unsozialen Handlung die gesamte körperlich-geistige Beschaffenheit des Täters und die Einflüsse seiner Umwelt in Rechnung zieht. Und wenn man auch bei solcher Art der Behandlung der Rechtsverletzer dahin kommen wird, einerseits manche erstmalige Verfehlung milder anzusehen als heute und nicht sofort mit Freiheitsstrafen zu belegen, andererseits manchen Unverbesserlichen dauernd zu verwahren, so wird man doch auch beim Sieg des Determinismus grundsätzlich an den Strafen als an einem wichtigen Faktor der „umgebenden Außenwelt" festhalten.

Dann aber kann man auch die Frage nach dem Stand der geistigen Gesundheit des Verübers unsozialer Handlungen nicht umgehen. Die Ablehnung dieser Frage folgt nach meiner Ansicht aus der Anerkennung des Determinismus keineswegs. Obwohl die Handlungen des geistig Gesunden ebenso naturnotwendig aus seiner Organisation und den äußeren Umständen entspringen wie die des Geisteskranken, ist es zweckmäßig, daß die Reaktion auf die unsoziale Tat des ersteren in der Strafe besteht, während für die des letzteren andere Maßnahmen am Platze sind. Bei beiden kommt für die Prüfung das in Betracht, was J u l i u s - b u r g e r für den Verüber unsozialer Handlungen fordert, nämlich physiologische, psychologische, biologische und anthropologische Untersuchung. Deshalb muß aber doch die Reaktion auf die unsoziale Handlung je nach dem Ergebnis der Untersuchung verschieden ausfallen: für den Geisteskranken die Behandlung in einer Pflegeanstalt, wenn es die Rücksicht auf das Gemeinwohl erfordert; für den Gesunden die Strafe, bei deren Bemessung und Vollzug die Einzelheiten des Untersuchungsergebnisses Berücksichtigung finden mögen, aber immerhin die Strafe. Es ist doch z. B. etwas ganz anderes, ob das Unzuchtsverbrechen an einem Kinde deshalb erfolgt, weil ein roher Wüstling im gegebenen Augenblick einmal seinen Geschlechtstrieb nicht — nun sagen wir als Deterministen ruhig: zügeln k a n n, oder deshalb, weil ein Greis nach einem ehrenhaften Leben infolge seniler Gehirnveränderungen unzurechnungsfähig geworden ist. Der letztere gehört in eine Pflegeanstalt, falls er unter der Obhut seiner Familie nicht genügend vor weiteren Delikten bewahrt werden kann. Jener Rohling aber muß, wenn er im klinischen Sinne gesund ist, das Übel der Strafe erdulden. Denn es besteht die M ö g l i c h k e i t, daß die Erinnerung daran später bei einer abermaligen Versuchung eine ausreichende Hemmung für ihn bildet. Auch soll sein Beispiel andere warnen. Man täusche sich doch nicht: der Geschlechtstrieb ist von so elementarer Gewalt, daß die Unzuchtsverbrechen zweifellos viel häufiger wären, wenn nicht die Furcht vor Strafe für manchen im entscheidenden Augenblick unter den „jeweiligen Bedingungen der umgebenden Außenwelt" als stärkstes Motiv den Ausschlag gäbe. Wenn nun auch häufig die Konstellation in dem „Zusammenhang gegenseitiger Wirkungen" ein solcher ist, daß die Hemmung versagt, so muß trotz der Naturnotwendigkeit dieses Versagens die Strafe eintreten, damit für andere die Strafandrohungen wirksam bleiben. Beim Geisteskranken dagegen, bei dem gar nicht die Möglichkeit vorliegt, daß die Furcht vor Strafe das stärkste Motiv bildet, wäre Strafe, d. h. die Auferlegung eines Übels, sinnlos.

Ich weiß sehr wohl, daß man die Menschen nicht in zwei scharf voneinander gesonderte Klassen einteilen kann, in die der Geisteskranken und der Geistesgesunden; daß fließende Übergänge zwischen beiden bestehen, und daß letzten Endes gesund und krank nur Werturteile bedeuten. Trotzdem geht es nicht an, alle menschlichen Handlungen nur von einem einzigen Gesichtspunkt aus zu betrachten. Obwohl die antisozialen Handlungen der klinisch gesunden Verbrecher ebenso aus dem Zusammenwirken von äußeren Umständen und Organisation erfolgen wie die der Geisteskranken, müssen wir schon im Interesse der Moral daran festhalten, daß sittliche Wertbegriffe zur Beurteilung der Handlungen Geistesgesunder verwendet werden, psychiatrische bei denen von Geisteskranken. Zur sittlichen Erziehung des Volkes ist es notwendig, daß das Häßliche und Verabscheuungswürdige entsprechend genannt und bewertet wird. Das gehört zu *den* „jeweiligen Bedingungen der umgebenden Außenwelt", die nötig sind, um das Unsittliche und Gemeine als etwas zu Vermeidendes empfinden zu lassen. Der hochgebildete Psychiater und Philosoph mag von der Höhe seiner Anschauung *jegliche* menschliche Handlung ausschließlich vom biologisch-anthropologischen Standpunkt betrachten. Für die Allgemeinheit aber ist es durchaus erforderlich, daß unbeschadet dieser Betrachtungsweise zwischen den unsozialen Handlungen Geistesgesunder und Geisteskranker unterschieden wird, und daß die ersteren grundsätzlich verdammt und mit Strafe belegt werden, soweit nicht aus besonderen Gründen Milde geboten ist. Wer als Geistesgesunder roh, ehrlos, schimpflich usw. handelt, handelt ja gewiß so infolge seiner Veranlagung und der bei ihm wirksamen äußeren Reize. Darum sind aber diese Handlungen doch roh, ehrlos usw. Das Häßliche und Gemeine hört nicht deshalb auf, häßlich und gemein zu sein, weil es kausal bedingt ist. Durchaus richtig aber ist es, die Handlungen der Geisteskranken von einem anderen Standpunkt aus zu betrachten. Der früher zartfühlende Paralytiker z. B., der den

Anstand verletzt, ist ganz anders zu bewerten, als der gemeine geistesgesunde Rohling.

Wir wollen also auch als Deterministen daran festhalten, daß wir die Begriffe geisteskrank und nicht geisteskrank unterstreichen und für die antisozialen Handlungen der Gesunden die Strafe fordern (selbstverständlich unter möglichster Berücksichtigung der biologisch-anthropologischen Gesichtspunkte), für die der Geisteskranken nur die psychiatrische Behandlung.

An dieser Stelle taucht die Frage auf, wie wir uns von unserem Standpunkt zu der zukünftigen Gestaltung des jetzigen § 51 des Strafgesetzbuches zu verhalten haben. Dieser Paragraph lautet bekanntlich: „Eine strafbare Handlung ist nicht vorhanden, wenn der Täter zur Zeit der Begehung der Handlung sich in einem Zustand der Bewußtlosigkeit oder krankhafter Störung der Geistestätigkeit befand, durch welchen seine freie Willensbestimmung ausgeschlossen war."

In dem unlängst erschienenen Vorentwurf zum neuen Strafgesetzbuch lautet der entsprechende Paragraph: „Nicht strafbar ist, wer zur Zeit der Handlung geisteskrank, blödsinnig oder bewußtlos war, so daß dadurch seine freie Willensbestimmung ausgeschlossen wurde."

Wir können nur bedauern, daß der umstrittene Begriff der „freien Willensbestimmung" wieder übernommen ist, wenn er auch, wie es in den Motiven heißt, „im Sinne des gewöhnlichen Lebens" zu verstehen ist. Mit Recht macht Aschaffenburg in seinen kritischen Betrachtungen zum Vorentwurf (Deutsche medizinische Wochenschrift 1909, Nr. 47) darauf aufmerksam, daß auch „der Sinn des gewöhnlichen Lebens" durchaus nicht für jedermann gleich ist. Wir stimmen vom deterministischen Standpunkt der Ansicht Aschaffenburgs zu, daß der entsprechende Paragraph des gleichfalls vor kurzem erschienenen österreichischen Entwurfs:

> „Nicht strafbar ist, wer zur Zeit der Tat wegen Geistesstörung, Geistesschwäche oder Bewußtseinsstörung nicht die Fähigkeit besaß, das Unrecht seiner Tat einzusehen oder seinen Willen dieser Einsicht gemäß zu bestimmen"

mit der Maßgabe als durchaus geeignet anzusehen sei, daß statt der Worte „oder seinen Willen dieser Einsicht gemäß zu bestimmen" gesagt würde „oder dieser Einsicht gemäß zu handeln".

Daß eine besondere strafrechtliche Behandlung der Individuen in Aussicht genommen ist, die zwar nicht die Merkmale ausgesprochener

Geisteskrankheit zeigen, aber auch nicht als völlig normal gelten können, begrüßen wir vom Standpunkt des Determinismus. Wir wissen, daß diesen geistig Minderwertigen gegenüber Strafandrohungen und Strafen hemmend wirken können. Deshalb müssen wir auch für sie grundsätzlich die Strafe fordern, da ohne dieses Hemmungsmittel ihre geistige Minderwertigkeit sie noch mehr zu antisozialen Handlungen führen würde, als es ohnehin schon der Fall ist. Der Eigenart der geistig Minderwertigen muß dadurch Rechnung getragen werden, daß sie etwaige Freiheitsstrafen in besonderen Abteilungen verbüßen, in denen dem Psychiater ein weitgehender Einfluß auf ihre Behandlung eingeräumt wird. Ist ihre geistige Minderwertigkeit von der Art, daß sie gemeingefährlich sind, so ist unbeschadet der Strafe auf längere Verwahrung, unter Umständen für Lebenszeit, zu erkennen. Der Standpunkt der Vergeltungstheorie, nach dem bei geistiger Minderwertigkeit oder „geminderter Zurechnungsfähigkeit" auch unter allen Umständen eine mildere Strafe eintreten müßte, wird selbstverständlich vom Determinismus abgelehnt, da er die Strafe ja überhaupt nicht als Vergeltungsmaßnahme betrachtet. Ein solcher Standpunkt gefährdet die Rechtssicherheit im höchsten Grade. Denn die Aussicht, wegen verminderter Zurechnungsfähigkeit mit leichteren Strafen davon zu kommen, setzt die Hemmungsmöglichkeit der Strafandrohungen gegenüber den geistig Minderwertigen herab. Die besondere strafrechtliche Behandlung der geistig Minderwertigen soll also nicht in Anwendung besonderer Milde bestehen — diese kann nur unter gewissen Umständen am Platz sein, deren Besprechung hier zu weit führen würde —, sondern in der Anwendung der Maßnahmen, die ihrer Eigenart angepaßt sind und zum Schutz der Rechtssicherheit gerade dieser Eigenart gegenüber sich als nötig erweisen.

* * *

Behandelten die bisherigen Ausführungen den Determinismus und seine Beziehungen zum Strafrecht, so kann ich es mir zum Schluß nicht versagen, einige Inkonsequenzen darzulegen, zu denen der Indeterminismus in seiner Anwendung auf die Strafrechtspflege nach meiner Ansicht führen muß. Ich knüpfe hierzu an die Ausführungen Professor Dr. Kahls über den Vorentwurf zum neuen deutschen Strafgesetzbuch in der Sitzung der freien gerichtsärztlichen Vereinigung am 22. Januar 1910 (nach dem Bericht der Ärztlichen Sachverständigen-Zeitung vom 1. III. 1910). Kahl ist bekanntlich, obwohl er nicht für die formale Beibehaltung des Begriffs der „freien Willensbestimmung" im Strafgesetzbuch eintritt, Indeterminist. Er bekennt sich in seinem in jener Sitzung gehaltenen Vortrag zur „Wahlfreiheit gegenüber den durch das Kausalitätsgesetz vorgelegten objektiven Möglichkeiten des Handelns". Bis zu den „Möglichkeiten des Handelns" erkennt er also die Geltung des Kausalitätsgesetzes an. An diesem Punkt aber hört es für ihn auf, und nicht mehr die Notwendigkeit bestimmt das weitere Geschehen, sondern ein ganz unberechenbarer Faktor. Warum dem Kausalitätsgesetz hier eine Grenze gesetzt sein soll, leuchtet dem nicht ein, der von der durchgängigen Gültigkeit dieses Gesetzes überzeugt ist. Auch mag Professor K a h l die Frage gestatten, ob er, wenn er in irgend einer Lebenslage nur die Wahl zwischen Recht und Unrecht hat, wirklich noch die „Freiheit" seines Willens in Anspruch nimmt. Ich bin überzeugt, daß von einer Freiheit, sich für dieses oder jenes zu entscheiden, für ihn gar keine Rede sein kann. Er wird sich für das Recht entscheiden m ü s s e n; e r k a n n d u r c h a u s n i c h t a n d e r s. Dem sittlich hochstehenden Menschen ist das Rechttun, wie der Volksmund treffend sagt, in Fleisch und Blut übergegangen. Freilich mag die Bestimmtheit alles Geschehens nicht für alle Lebenslagen so dargelegt werden können wie in dem angezogenen Beispiel. Und darum wage ich auch nicht zu hoffen, daß der Indeterminist durch das Beispiel umgestimmt wird.

Aber die Inkonsequenz geht noch weiter. Während nämlich K a h l im allgemeinen an die freie Willensbestimmung glaubt, hält er sie bei „Geisteskranken, Blödsinnigen und Bewußtlosen" für ausgeschlossen. Er kann also füglich doch nur annehmen, daß bei d i e s e n Menschen das Kausalitätsgesetz v ö l l i g e Geltung hat. Ich glaube wenigstens, annehmen zu dürfen, daß K a h l nicht den blinden Zufall bei den Handlungen der Geisteskranken, Blödsinnigen und Bewußtlosen walten läßt, sondern der Meinung ist, die Handlungen würden durch ihren abnormen Zustand bestimmt.

Also auf der einen Seite die Gesunden, bei denen das Kausalitätsgesetz unterbrochen und von der „Wahlfreiheit, gegenüber den durch das Kausalitätsgesetz vorgelegten objektiven Möglichkeiten des Handelns" abgelöst wird. Auf der anderen die Geisteskranken usw., deren Handlungen auch der Indeterminist als notwendiges Ergebnis des bestehenden abnormen Zustandes anerkennt! Wir hätten also nach K a h l zwei grundsätzlich verschiedene Menschenklassen! Die Gesunden, bei denen das Kausalitätsgesetz nicht restlos gilt, und die Geisteskranken, bei denen es durchgängige Geltung hat! Der grundsätzliche Unterschied zwischen Gesunden und Geisteskranken bestände demnach in dem skizzierten verschiedenen Verhalten des Kausalitätsgesetzes gegenüber ihren Handlungen!

Ich weiß nicht, ob Kahl das gleiche Ergebnis aus seinet Stellungnahme gezogen hat, und ob er, falls er es getan, dieses Ergebnis nicht befremdend findet. Sollte er nicht anerkennen, daß es aus seinem Standpunkt zu folgern ist, so wird er wenigstens zugestehen müssen, daß man die dargelegten Folgerungen aus seiner Anschauung ziehen kann.

Und wie steht es mit der Anwendung dieser Folgerungen auf das geltende Strafrecht? — Der Richter, der auf Kahls Standpunkt steht, macht sich also anheischig, zu entscheiden, ob der Rechtsbrecher zur Zeit der Handlung ein von der Geltung des Kausalitätsgesetzes befreiter Mensch mit „Wahlfreiheit gegenüber den usw." oder ein solcher ohne diese „Wahlfreiheit", also an das Kausalitätsgesetz gebundener war. Und die Unterlagen zu dieser Entscheidung gibt ihm der Psychiater, der seinerseits auf ganz anderem Boden steht, der eine unverrückbare Grenze zwischen geistiger Gesundheit und Geisteskrankheit noch nicht aufgestellt hat und vor allem Welten weit von der Anschauung entfernt ist, zwischen Geisteskranken und Gesunden bestehe ein fundamentaler Unterschied dadurch, daß für jene das Kausalitätsgesetz gelte, für diese nicht.

Man mag einwenden, daß für die Praxis derartige Gedankengänge nicht in Betracht kämen. Nun, es handelt sich hier nicht um die forensische Praxis als solche, sondern um die Beleuchtung der aus der indeterministischen Anschauung sich ergebenden Seltsamkeiten. Nach meiner Ansicht müßte die Durchdenkung der in § 51 des Strafgesetzbuches gegebenen Probleme die Indeterministen stutzig machen. Wie kann es vor der Logik gerechtfertigt werden, daß man einerseits durchaus richtig annimmt, bei den Geisteskranken ergebe sich das Geschehen notwendig aus den äußeren Umständen und der Beschaffenheit des (kranken) Gehirns, andererseits aber bei den Gesunden die Gesetzmäßigkeit des Geschehens aus äußeren Umständen und (gesunder) Gehirnbeschaffenheit leugnet, sondern an ihre Stelle die ganz unberechenbare, ursachlose „freie Willensbestimmung" setzt?

Die Unmöglichkeit des Indeterminismus wird nach meiner Ansicht noch klarer veranschaulicht durch die Stellungnahme Kahls zu der im Strafgesetzentwurf vorgesehenen Zwischenstufe der geistig Minderwertigen oder, wie sie der Entwurf bezeichnet, gemindert Zurechnungsfähigen. In praktischer Beziehung können die Deterministen übrigens dieser Stellungnahme durchaus zustimmen. Denn er sagt: „Ich muß auf dem Standpunkt beharren, daß die sogenannten vermindert Zurechnungsfähigen Zurechnungsfähige mit geistiger Minderwertigkeit sind." Nach früheren Ausführungen muß vom deterministischen Standpunkt gefordert werden, daß auch die geistig Minderwertigen der durch die Strafen gegebenen Hemmungsmöglichkeit unterstellt werden. Wir können also mit dem zitierten Satz einverstanden sein, wenn wir aus ihm lesen, daß die geistig Minderwertigen strafbar sein sollen. Ich ziehe ihn nur in die Erörterung, um an ihm unter Hinweis auf die bisherigen Ausführungen die nach meinem Dafürhalten obwaltende Unmöglichkeit der freien Willensbestimmung noch mehr zu beleuchten. Wenn nämlich Kahl die geistig Minderwertigen als Zurechnungsfähige bezeichnet, so kann er damit angesichts seines indeterministischen Standpunkts nur sagen wollen, daß sie im Besitz der „Wahlfreiheit gegenüber den usw." seien.

Ist es nun schon überhaupt eigenartig, daß, wie oben gezeigt wurde, der Richter einen fundamentalen Unterschied zwischen Geisteskranken und Gesunden durch Zuerkennung oder Aberkennung der freien Willensbestimmung konstruieren soll, und zwar mit Hilfe von Sachverständigen, die ihrerseits einen solchen fundamentalen Unterschied nicht anerkennen, so erscheint diese Eigenartigkeit noch erheblicher, wenn man die geistig Minderwertigen ins Auge faßt. Obwohl das, was oben über die Unmöglichkeit der Aufstellung einer scharfen Grenze zwischen Geisteskranken und Gesunden gesagt wurde, in noch höherem Grade für das Verhältnis zwischen geistig Minderwertigen und Geistes**kranken** gilt; obwohl nicht einmal die Psychiater immer der gleichen Meinung darüber sind, wer zur einen oder anderen Gruppe gehört ; obwohl zwischen beiden Gruppen fließende Übergänge bestehen; obwohl es schließlich in einzelnen Fällen Sache der jeweiligen Auffassung oder der Konvention ist, ob geistige Minderwertigkeit oder Geisteskrankheit anzunehmen ist, da ein charakteristisches Unterscheidungsmerkmal zwischen beiden Zuständen nicht auffindbar ist; also obwohl dies alles sich so verhält, hätte der dem Kahlschen Standpunkt folgende, auf dem Boden des Indeterminismus stehende Richter für manche Fälle geistiger Abnormität zu entscheiden, ob noch „Wahlfreiheit" vorhanden ist, oder ob das Kausalitätsgesetz herrscht. Immer wieder mit Hilfe der Sachverständigen, die ihrerseits von einer solchen Aufstellung zweier grundverschiedener Menschenklassen nichts wissen wollen!

Freilich, für die forensische Praxis ergeben sich auch dem Deterministen oft Schwierigkeiten in der Beurteilung der „Grenzzustände". Diese Schwierigkeiten stehen aber hier nicht zur Erörterung, sondern das Problem der Willensfreiheit soll durch die Folgerungen beleuchtet werden, die sich aus der indeterministischen Anschauung ergeben. Wer im Zweifel ist, ob er einen Rechtsverletzter noch zu den geistig Minderwertigen oder schon zu den Geisteskranken rechnen soll, wird sich als Determinist sagen können, daß er auch im Fall irriger Beurteilung nur ein anfechtbares Werturteil abgibt, aber nicht sich zu bestimmen anheischig gemacht hat, ob der Mensch zur einen oder anderen von zwei Menschenklassen gehört, die sich durch Besitz oder Nichtbesitz der „Wahlfreiheit" von einander im innersten Wesen unterscheiden. Der Anhänger des Indeterminismus aber muß diese Entscheidung treffen! Auch in den zweifelhaftesten Fällen, in denen der ihm an psychiatrischem und psychologischem Wissen überlegene Sachverständige schwankt, wie er sein Urteil gestalten soll! Bangt es ihm nicht vor solcher Aufgabe? Und will er sich noch länger den Tatsachen und Erwägungen verschließen, die gegen die Annahme sprechen, daß es eine Unterbrechung des Kausalitätsgesetzes gebe?

Inhaltsverzeichnis.

FSC
www.fsc.org
MIX
Papier | Fördert
gute Waldnutzung
FSC® C083411

Kolibri 360 GmbH
Ferdinand-Jühlke-Straße 7
99095 Erfurt, Deutschland
produktsicherheit@kolibri360.de